广西 A 级旅游景区发展研究：格局、机制与策略

董金义 著

北 京

冶 金 工 业 出 版 社

2023

内 容 提 要

本书集理论与实践于一体深入探讨了文化和旅游高质量发展的关键、实践与经验。全书以广西A级旅游景区发展实践为基础，系统地阐述了旅游景区空间发展格局及影响因素、创建和发展实践与经验，并结合A级旅游景区创建和发展的实践经验，提出了广西文化和旅游高质量发展的建议，以期为其发展提供理论指导和实践参考。

本书可供政府部门、旅游企业及其他相关机构的人员阅读，也可供高等院校相关专业的师生学习参考。

图书在版编目（CIP）数据

广西A级旅游景区发展研究：格局、机制与策略／董金义著 . —北京：冶金工业出版社，2023.6

ISBN 978-7-5024-9488-9

Ⅰ.①广… Ⅱ.①董… Ⅲ.①旅游区—经济发展—研究—广西 Ⅳ.①F592.767

中国国家版本馆 CIP 数据核字（2023）第 073842 号

广西A级旅游景区发展研究：格局、机制与策略

出版发行	冶金工业出版社	**电 话**	（010）64027926	
地　　址	北京市东城区嵩祝院北巷 39 号	**邮　　编**	100009	
网　　址	www.mip1953.com	**电子信箱**	service@mip1953.com	

责任编辑　王　颖　美术编辑　彭子赫　版式设计　郑小利
责任校对　范天娇　责任印制　窦　唯

北京建宏印刷有限公司印刷

2023 年 6 月第 1 版，2023 年 6 月第 1 次印刷

710mm×1000mm　1/16；9.75 印张；189 千字；145 页

定价 99.90 元

投稿电话　（010）64027932　投稿信箱　tougao@cnmip.com.cn
营销中心电话　（010）64044283
冶金工业出版社天猫旗舰店　yjgycbs.tmall.com
（本书如有印装质量问题，本社营销中心负责退换）

前　　言

随着我国经济的快速发展和社会进步，旅游已成为人们提高生活水平的重要选择之一，也是人们小康社会生活的一种重要形式，旅游业的地位日益凸显，受到社会各界的广泛关注。在旅游业发展中，A级旅游景区的发展受到越来越多的重视，已经成为旅游业发展的重要支撑。

广西壮族自治区（以下简称广西）文化旅游资源丰富，拥有山水景观、康养长寿、民族风情、滨海风韵、边关风貌和红色旅游等壮丽风光和魅力人文资源。近年来，广西文化和旅游国际影响力、竞争力明显增强，旅游强区建设取得重大进展。依托区位优势和资源优势，广西具备向海发展、海陆联袂、跨境合作的地缘优势，在打造世界级旅游目的地方面具有得天独厚的条件。西部旅游发展潜力、空间和商机巨大，广西应抢抓机遇和精准对接，主动融入国家发展战略，以建设桂林世界级旅游城市为契机，把文化和旅游高质量发展融入中国式现代化建设新实践，建成文化旅游强区和世界级旅游目的地，不断提升文化旅游发展的品质和效益，提高人民群众对文化旅游发展的满意度和幸福感。因此，有必要全面和准确掌握广西旅游景区空间格局动态演变规律及其影响因素，为广西优化文化和旅游空间布局，推进文化和旅游高质量发展提供理论依据和决策支撑。为此，本书结合旅游资源开发、旅游规划等理论与实践，基于广西A级旅游景区的发展实践，重点探讨了广西A级旅游景区的空间发展格局和影响因素，结合A级旅游景区创建和发展的实践与经验，提出了广西文化和旅游高质量发展的建议，以期为广西文化和旅游高质量发展提供有益的建议和指导。

　　本书内容涉及的有关研究得到了 2019 年广西教育厅旅游管理硕士点建设项目（2007/3250010229/LYSD2020001）的资助。本书在编写过程中，作者的博士生导师中南财经政法大学旅游研究院院长邓爱民教授提供了许多宝贵意见和资料，并给予了细致的指导，在此，表示衷心感谢。

　　本书的编写旨在探究广西 A 级旅游景区的发展现状，提出有效的发展策略，为广西文化和旅游的高质量发展提供理论依据和决策支撑。然而，受个人理论研究与实践水平所限，本书所述观点难免有不妥之处，欢迎相关领域的专家学者和广大读者批评指正。

董金义

2023 年 1 月于晓南湖畔

目　　录

1 绪论 ……………………………………………………………………… 1

　1.1 研究背景 …………………………………………………………… 1

　　1.1.1 加快构建国内国际双循环新发展格局 ………………………… 1

　　1.1.2 全力构建文旅产业融合发展新格局 …………………………… 1

　　1.1.3 加速推动全域旅游发展形成新格局 …………………………… 2

　　1.1.4 大力建设文化旅游强区 ………………………………………… 2

　1.2 研究意义 …………………………………………………………… 3

　　1.2.1 全面掌握广西 A 级旅游景区发展现状及区域分布情况 ……… 3

　　1.2.2 明晰广西 A 级旅游景区发展的时空演变特征与影响因素 …… 3

　　1.2.3 总结广西 A 级旅游景区发展实践与经验 …………………… 3

　　1.2.4 构建广西文化和旅游高质量发展新格局 …………………… 4

　　1.2.5 为边疆少数民族地区旅游发展提供实践与经验 ……………… 4

　1.3 研究内容 …………………………………………………………… 5

　　1.3.1 广西 A 级旅游景区发展概况 ………………………………… 5

　　1.3.2 广西 A 级旅游景区空间分布特征及时空演变模式 …………… 5

　　1.3.3 影响广西 A 级旅游景区发展的因素 ………………………… 5

　　1.3.4 广西文化和旅游高质量发展的建议 …………………………… 5

　1.4 研究方法 …………………………………………………………… 6

　　1.4.1 文献分析法 ……………………………………………………… 6

　　1.4.2 实地调查法 ……………………………………………………… 6

　　1.4.3 定量分析法 ……………………………………………………… 6

　1.5 技术路线 …………………………………………………………… 8

2 理论基础 ………………………………………………………………… 9

　2.1 相关理论 …………………………………………………………… 9

　　2.1.1 两山理论 ………………………………………………………… 9

　　2.1.2 可持续发展理论 ………………………………………………… 9

　　2.1.3 旅游地生命周期理论 ………………………………………… 10

2.1.4 增长极理论 ·· 11

2.1.5 核心—边缘理论 ·· 12

2.1.6 点—轴系统理论 ·· 12

2.2 概念界定 ··· 13

2.2.1 旅游资源 ·· 13

2.2.2 旅游景区 ·· 14

2.3 A 级旅游景区研究综述 ·· 14

2.3.1 数据来源 ·· 14

2.3.2 研究主题 ·· 16

2.3.3 研究方法及理论 ·· 17

2.3.4 研究尺度 ·· 19

2.3.5 述评 ·· 21

3 广西 A 级旅游景区时空格局演变 ······························· 22

3.1 桂东地区 A 级旅游景区分布格局和空间演变 ············ 22

3.1.1 区域概况 ·· 22

3.1.2 发展情况 ·· 22

3.1.3 空间分布类型 ·· 23

3.1.4 空间分布方向及范围 ······································ 25

3.2 桂西地区 A 级旅游景区分布格局和空间演变 ············ 25

3.2.1 区域概况 ·· 25

3.2.2 发展情况 ·· 26

3.2.3 空间分布类型 ·· 27

3.2.4 空间分布方向及范围 ······································ 28

3.3 桂南地区 A 级旅游景区分布格局和空间演变 ············ 29

3.3.1 区域概况 ·· 29

3.3.2 发展情况 ·· 29

3.3.3 空间分布类型 ·· 30

3.3.4 空间分布方向及范围 ······································ 31

3.4 桂北地区 A 级旅游景区分布格局和空间演变 ············ 32

3.4.1 区域概况 ·· 32

3.4.2 发展情况 ·· 32

3.4.3 空间分布类型 ·· 33

3.4.4 空间分布方向及范围 ······································ 33

3.5　桂中地区 A 级旅游景区分布格局和空间演变…………………… 34

　　3.5.1　区域概况………………………………………………… 34

　　3.5.2　发展情况………………………………………………… 34

　　3.5.3　空间分布类型…………………………………………… 35

　　3.5.4　空间分布方向及范围…………………………………… 36

3.6　广西 A 级旅游景区分布格局和空间演变…………………………… 37

　　3.6.1　区域概况………………………………………………… 37

　　3.6.2　发展情况………………………………………………… 37

　　3.6.3　空间分布类型…………………………………………… 40

　　3.6.4　空间分布方向及范围…………………………………… 41

　　3.6.5　空间分布均衡性………………………………………… 41

　　3.6.6　空间密度………………………………………………… 42

4　广西 A 级旅游景区影响因素及其分析…………………………………… 45

4.1　影响广西 A 级旅游景区发展的因素………………………………… 45

　　4.1.1　政策规划………………………………………………… 45

　　4.1.2　旅游资源禀赋…………………………………………… 48

　　4.1.3　自然环境………………………………………………… 49

　　4.1.4　区域经济………………………………………………… 51

　　4.1.5　交通条件………………………………………………… 53

　　4.1.6　文化……………………………………………………… 54

　　4.1.7　其他……………………………………………………… 55

4.2　影响广西 A 级旅游景区发展的因素分析…………………………… 55

　　4.2.1　资源本底因素…………………………………………… 55

　　4.2.2　自然环境因素…………………………………………… 56

　　4.2.3　经济产业因素…………………………………………… 56

　　4.2.4　社会环境因素…………………………………………… 56

5　A 级旅游景区创建和发展的实践与经验………………………………… 58

5.1　A 级旅游景区发展概况……………………………………………… 58

　　5.1.1　发展概况………………………………………………… 58

　　5.1.2　发展特征………………………………………………… 58

5.2　A 级旅游景区创建的实践与经验…………………………………… 60

　　5.2.1　核心条件………………………………………………… 60

5.2.2　普遍经验 ·· 61

5.3　A 级旅游景区发展的实践与经验 ·························· 62

5.3.1　故宫文创：以优质文化产品增强文化认同 ············ 62

5.3.2　韶山红色旅游：红色引领融合创新实现红色旅游跨越发展 ······ 65

5.3.3　十八洞村：精准扶贫首倡地的乡村振兴新路 ·········· 68

5.3.4　乌镇模式与经验：推动旅游与帮扶共同发展 ·········· 71

5.3.5　一部手机游云南：智慧科技赋能旅游业高质量发展 ···· 73

6　广西文化和旅游高质量发展建议 ························· 76

6.1　广西文化和旅游发展成效 ······························· 76

6.1.1　桂林世界级旅游城市建设扎实推进 ·················· 76

6.1.2　现代旅游产业体系加快构建 ························· 76

6.1.3　文旅融合发展迈出新步伐 ··························· 76

6.2　广西文化和旅游发展的实践与经验 ······················ 77

6.2.1　漓江：为可持续发展提供"桂林经验" ··············· 77

6.2.2　"壮族三月三"：打造壮族文旅大 IP ················· 78

6.2.3　螺蛳粉小镇：文旅融合打造螺蛳粉小镇 ·············· 80

6.2.4　防城港边境旅游试验区：创新推动边境旅游发展 ······ 81

6.2.5　"乐游南宁"：微信小程序智慧化服务创新 ··········· 84

6.3　广西文化和旅游发展存在的问题 ························· 86

6.3.1　资源开发不全面，区域旅游发展不平衡 ·············· 86

6.3.2　文旅融合深度不够，文旅产品层次不高 ·············· 86

6.3.3　数字文旅效益不显著，缺乏专业人才 ················ 87

6.3.4　产品定位存在同质化，旅游目的地品牌影响力不足 ···· 87

6.3.5　跨境文化旅游的深度和广度还有待进一步拓展 ········ 88

6.3.6　文化旅游竞争力有待提升，国际知名度不够 ·········· 88

6.4　推进广西文化和旅游高质量发展的建议 ·················· 89

6.4.1　整合文化旅游资源，优化空间格局 ·················· 89

6.4.2　融合与协同发展，推进特色民族文化与旅游深度融合 ·· 90

6.4.3　打造数字文旅新模式，开启"一键游广西" ··········· 90

6.4.4　注重文化旅游品牌影响力，提升市场影响力 ·········· 91

6.4.5　推动民族文化对外交流和旅游推广 ·················· 91

6.4.6　全力打造世界级旅游目的地建设，引领文化旅游高质量发展 ······ 92

附录 ··· 94

附录 A　广西 A 级旅游景区名录 ····················· 94

附录 B　旅游景区质量等级管理办法 ··············· 118

附录 C　旅游资源普查工作技术规程 ·············· 123

参考文献 ·· 127

后记 ··· 145

1 绪 论

1.1 研究背景

1.1.1 加快构建国内国际双循环新发展格局

面对全球经济发展的新挑战，以国内大循环为主体、国内国际双循环相互促进的新发展格局不仅是我国主动应对的战略决策，更是我国经济发展的内在必然要求。2020 年 5 月 14 日，中央首次提出"构建国内国际双循环相互促进的新发展格局"。2020 年 10 月 29 日，党的十九届五中全会通过《中共中央关于制定国民经济和社会发展第十四个五年规划和二〇三五年远景目标的建议》，将"加快构建以国内大循环为主体、国内国际双循环相互促进的新发展格局"纳入其中。构建"双循环"新发展格局既是我国对外部发展环境变化的应对，也是实现经济高质量发展的关键途径。在此背景下，旅游业应该以实际行动响应国家战略，主动激发内生动力，迸发创新活力，助力"双循环"新发展格局的构建。

1.1.2 全力构建文旅产业融合发展新格局

文化和旅游发展要遵循立足新发展阶段、贯彻新发展理念、构建新发展格局和高质量发展的总体思路。"十三五"时期，文化和旅游发展稳中有进、繁荣向好，在满足人民文化需求、凝聚人民精神力量、增强国家文化软实力方面发挥了积极作用，为全面建成小康社会提供了有力支撑。2021 年，文化和旅游部印发的《"十四五"文化和旅游发展规划》指出，以深化改革激发新活力，奋力开创文化和旅游发展新局面，从完善现代旅游业体系、推进文化和旅游融合发展、优化文化和旅游发展布局等方面提出了明确的要求。2022 年 1 月，国务院印发的《"十四五"旅游业发展规划》为旅游业高质量发展指明了方向，从坚持创新驱动发展、优化旅游空间布局、构建科学保护利用体系、完善旅游产品供给体系等方面作了具体部署和要求。因此，各地应结合当地文化旅游产业发展现状，掌握当前文化旅游发展的空间格局，厘清文化旅游高质量发展的影响机理，为进一步推动区域文化旅游高质量和构建文化旅游发展新格局提供理论依据和决策支撑。

1.1.3 加速推动全域旅游发展形成新格局

全域旅游不仅是实现旅游业自身全面高质量发展的模式，而且具有很强的融合带动功能，能够有力地带动和促进区域内的相关产业乃至经济社会的发展。全域旅游可以通过对一定区域内旅游资源、相关产业、生态环境、公共服务等进行全方位、系统化的优化提升，实现资源有机整合、产业融合发展。《国务院办公厅关于促进全域旅游发展的指导意见》指出："发展全域旅游，将一定区域作为完整旅游目的地，以旅游业为优势产业，统一规划布局、优化公共服务、推进产业融合、加强综合管理、实施系统营销，有利于不断提升旅游业现代化、集约化、品质化、国际化水平，更好满足旅游消费需求。"截至 2022 年 12 月，全国已有 168 家单位被认定为国家全域旅游示范区。发展全域旅游，既要提升旅游业发展能力，也要拓展区域旅游发展空间，更要培育区域旅游增长极、旅游市场新主体和消费新热点。

1.1.4 大力建设文化旅游强区

2019 年，广西壮族自治区（以下简称广西）旅游总消费首次突破万亿元大关，旅游业综合增加值占 GDP、服务业比重为 18.6% 和 36.6%，旅游税收对财政收入的综合贡献率达 17.5%，旅游业已经成为广西社会经济发展的重要支柱性产业之一。近两年虽受新冠疫情影响，但广西也交出了旅游总消费 7267.53 亿元、9062.99 亿元的好成绩。广西东连粤港澳大湾区，南临北部湾，背靠大西南，面向东南亚，不仅沿海、沿江，是中国东盟交往的中心地带，是"一带一路"衔接的门户，也是西部陆海新通道陆海交汇门户。区内拥有山水景观、康养长寿、民族风情、滨海风韵、边关风貌和红色旅游等壮丽风光和魅力人文资源。近年来，广西文化日益繁荣，旅游蓬勃发展，跨境旅游掀起新浪潮，文化旅游产业国际影响力、竞争力明显增强，旅游强区建设取得重大进展。在《广西"十四五"文化和旅游发展规划》中明确提出，"十四五"期间，广西旅游经济主要指标要稳居全国第一方阵，文化旅游强区和世界级旅游目的地建设取得重大进展。该规划中对推动文化和旅游高质量发展，构建文化和旅游现代产业体系，建设富有文化底蕴的国家级、世界级旅游景区和度假区，推动现有 A 级旅游景区和国家级、自治区级旅游度假区、生态旅游示范区品质提升等方面作了具体要求。

1.2 研究意义

1.2.1 全面掌握广西A级旅游景区发展现状及区域分布情况

随着社会发展水平的提升和人们生活需求的不断变化，旅游业也得到了快速发展，规模在不断扩大，质量也在不断提升，旅游已经成为生活水平提高的一个重要指标，成为小康社会生活的重要方式。旅游资源是旅游业发展的基础，旅游景区是旅游业的核心载体、主要供给和发展先决条件，尤其是优质的旅游资源，更是区域旅游业高质量发展的重要支撑。摸清旅游资源家底，提高保护利用与管理水平，才能促进旅游业高质量发展。因此，在A级旅游景区经历了20多年的发展背景之下，有必要全面掌握广西A级旅游景区发展现状及区域分布情况，为构建文旅产业发展新格局、加速推动全域旅游发展形成新格局提供基础资料。

1.2.2 明晰广西A级旅游景区发展的时空演变特征与影响因素

我国40多年旅游业发展的格局是逐步展开的，跟随国家战略，在不断地嵌入改革开放和经济社会发展的进程，不断调试和提升旅游业的定位。我国旅游业的发展是一条非均衡发展的轨迹，经历了从无到有，从小到大；从单一市场发展到国内旅游、入境旅游和出境旅游三大市场繁荣发展；从重点地区率先发展到全域发展；从旅游行业发展到旅游产业发展，再到"旅游+"的产业集群发展；从单一领域突进到全域发展，从单一功能到多功能的综合性，旅游产业的定位不断提升，旅游产业的能量、规模、效能不断增强。因此，区域旅游发展也具有一定的空间特征、发展规律和影响因素，通过分析一定时间序列的A级旅游景区发展资料，借助分析工具，也能掌握其发展的特点及规律，探明影响其发展的因素。因此，明晰广西A级旅游景区发展的时空演变特征与影响因素，也是为了广西文化和旅游新格局的构建、高质量的发展能够快速迈上新台阶。

1.2.3 总结广西A级旅游景区发展实践与经验

随着文化旅游产业的深度融合与发展，旅游行为由观光旅游向度假旅游、休闲旅游不断地演变，旅游行为的需求变化也使得旅游要素的供给配置发生了重大改变。观光旅游依赖的是"游"的要素；度假旅游依赖的是"住"的要素；休闲旅游依赖的是"食"和"娱"的要素。当多种旅游行为并存于同一个旅游市场，同处于一个旅游目的地时，也必然会使旅游要素向独立化方向发展。当旅游要素独立化发展成为一种趋势时，必然会引起旅游产业组织和旅游空间形态发生重大调整。变局中的新旅游就是要改变以旅游要素组合化构建旅游产业和空间体系的发展模式，以旅游要素独立化来构建旅游产业体系和空间体系。因此，有必要对广西 A 级旅游景区发展的模式、路径与经验进行总结，以应对新时代文化旅游产业迎来的新机遇与新挑战。

1.2.4　构建广西文化和旅游高质量发展新格局

广西始终坚持以习近平新时代中国特色社会主义思想为指导，认真贯彻落实习近平总书记关于文化和旅游工作的重要论述精神，积极推进文化旅游强区建设。在"十三五"期间，广西旅游总消费突破万亿元，跃居国内前十。近年来，广西文化和旅游产业规模明显扩大，市场竞争力有效提升，文化和旅游融合发展成效明显，为广西经济社会发展提供了有力支撑和保障。《广西"十四五"文化和旅游发展规划》中指出，到 2025 年，习近平新时代中国特色社会主义思想和社会主义核心价值观更加深入人心，中华优秀传统文化、革命文化、社会主义先进文化广为弘扬，文艺精品力作不断涌现，文化遗产保护和利用水平明显提高，优秀传统文化传承体系得到完善，对外交流合作持续深化。现代文化产业和旅游业体系初步形成，产业规模显著扩大，核心竞争力明显增强。文化和旅游高品质服务体系基本形成，公共服务体系更加健全。现代文化和旅游市场体系更加完备，市场治理能力现代化水平大幅提高。旅游经济主要指标稳居全国第一方阵，文化旅游强区和世界级旅游目的地建设取得重大进展。到 2035 年，广西社会文明程度进一步提高，文化软实力显著增强，文化产业整体实力和竞争力大幅提升，文化事业更加繁荣，旅游服务质量、产业规模、核心竞争力、综合效益达到全国先进水平，文艺精品、优秀文化产品和优质旅游产品充分满足人民美好生活需要，高水平建成文化旅游强区，全面建成世界级旅游目的地。

1.2.5　为边疆少数民族地区旅游发展提供实践与经验

边疆少数民族地区不仅资源丰富，且具有巨大发展潜力，还拥有众多的文物古迹、非遗、老字号、传统美食、特色村落等特色资源，为旅游业注入了更加优质、更富吸引力的文化内涵。随着旅游消费者群体性需求的差异化、分众化发展，传统的边疆民族地区旅游产品已经不能满足旅游者的需求，并且受到"中心—边缘"市场结构分散力明显大于聚集力的影响，大量年轻劳动力外流，寻求更加可行的致富机会；过去集中于旅游供给的中小企业开始分散，寻找更加有利可图的市场，有的直接退出旅游市场，改弦更张，另觅出路；公共部门的政策和资金支持也随着旅游产业贡献比重下滑而开始转移，区域旅游发展面临困境。如何推动文化和旅游联动发展，打造更多体现边疆少数民族特色文化内涵和人文精神的旅游精品，不断拓展提升边疆少数民族地区文化和旅游的融合领域和融合层次，推动文旅融合发展迈上新台阶，是当下边疆少数民族地区旅游发展面临的新机遇和新挑战。因此，结合广西旅游发展的模式与经验，为边疆少数民族地区旅游发展提供建设实践与经验。

1.3　研究内容

1.3.1　广西 A 级旅游景区发展概况

通过二手资料和实地调查收集广西 A 级旅游景区的相关资料，并对收集的资料进行整理、组织与分析，总结出广西 A 级旅游景区发展的概括。二手资料主要来源于国家文化和旅游部、广西文化和旅游厅、广西统计局的官方网站，不同年份的《中国旅游统计年鉴》《中国旅游发展报告》及其他电子资源、图书资源等。

1.3.2　广西 A 级旅游景区空间分布特征及时空演变模式

基于不同时段、不同年份的广西 A 级旅游景区发展概况的有关资料、数据等，结合时空序列数据，运用最近邻点指数、核密度分析和不平衡指数等空间分析、数理统计等方法，总结出广西 A 级旅游景区在时间和空间上发展的阶段、特征、规律和演变模式。除了对整个研究区的 A 级旅游景区空间分布特征及时空演变模式进行探究外，还将广西 14 个地级市分为桂东、桂西、桂南、桂北和桂中五大区域进行 A 级旅游景区空间分布特征及时空演变模式的探究。

1.3.3　影响广西 A 级旅游景区发展的因素

通过实地调查和访谈，征询旅游学、地理学、经济学和统计学等研究领域专家的意见，并参考学者研究的结果，结合广西地理环境、自然资源、经济和交通运输等情况，构建出研究区 A 级旅游景区发展影响因素的模型及筛选出对应的评价指标，运用地理探测器进行多次实验，结合实验结果和研究区实际情况，找出影响广西 A 级旅游景区发展的影响因素。

1.3.4　广西文化和旅游高质量发展的建议

通过整理国内旅游景区发展的成功经验与启示，结合研究区 A 级旅游景区的空间分布关系、演变模式，影响因素，从整合广西现有的优质旅游资源出发，结合区域文化旅游产业发展现状及潜力，以构建全域文化和旅游为目标，借鉴国内知名或高等级旅游景区发展的战略、模式与路径，提出广西文化和旅游高质量发展的建议。

1.4 研究方法

1.4.1 文献分析法

文献分析法是研究者通过对收集到的文献资料进行整理、组织和分析，梳理出研究对象的性质和状况，根据已有研究结果，从中引出作者本人的观点的分析方法。它可以有效地帮助研究者形成关于研究对象的整体发展脉络、动态演变情况及发展趋势或已有研究的不足之处。结合学者关于 A 级旅游景区研究的情况，主要通过中国知网、维普、万方、超星等国内常用的中文数据库，通过设定关键词筛选出与 A 级旅游景区紧密相关的文献资料，使用文献分析法，对已有文献进行深入分析，得出当前关于 A 级旅游景区研究的整体情况，从研究内容、研究主题、研究方法、研究尺度等视角进行全面分析，找准切入点开展有关研究。

1.4.2 实地调查法

实地调研法是研究者通过有目的、有计划、有系统地到达与研究对象有关的区域、场所，收集与研究对象发展现状或历史状况资料的研究方法。研究者为了能够快速地获取研究对象的有关信息，通常会采取二手数据收集与实地调查相结合的方法来获取所需要的资料。实地调查法既可以对已获得的二手资料进行验证或校正，也可获得研究者所需的资料，使调研工作有效地开展。结合研究的需要，研究团队选取不同的区域，采取分组的形式到国内发展成熟的旅游景区进行实地调查，通过与当地政府、旅游企业管理者和工作人员、游客等不同人员的有效沟通，获取有关资料，进而为 A 级旅游景区的深入研究提供丰富的案例、数据等资料。

1.4.3 定量分析法

运用地理信息系统的空间分析，如最近邻点指数、核密度分析、标准差椭圆、叠置分析等，结合地理集中指数、不平衡指数、地理探测器等方法，基于多种数据来源的相关统计数据，探究出广西 A 级旅游景区的空间分布特征及演变规律。

1.4.3.1 最近邻点指数

最邻近点指数可判断点要素在地理空间的分布特点。它可用来表示旅游点要素在区域空间中的关系，如随机分布、均匀分布和聚集分布。当最邻近点指数小于1时，旅游点要素呈聚集分布的状态；当最邻近点指数等于1时，旅游点要素呈随机分布的状态；当最邻近点指数大于1时，旅游点要素呈均匀分布的状态。

1.4.3.2 核密度分析

核密度分析用于计算点要素或线要素在其周围邻域中的密度。它可用来表示旅游点或线要素在区域空间中的分布趋势。核密度表面能够呈现要素的整体或局部趋势。设定的带宽越大，它表现出整体性的趋势越高。反之，则显示出要素局部的趋势。

带宽越小，表面曲率越大，生成的结果越凹凸不平，反映出的细节程度越高，越能突出旅游点或线要素在不同区域之间的变化；带宽越大，表面曲率越小，生成的结果越平滑，结果越抽象。

1.4.3.3 标准差椭圆

标准差椭圆能够对点的中心、离散和方向等趋势进行分析，它可识别出旅游点要素的方向以及分布的趋势。在标准差椭圆中，它的长半轴表示旅游空间数据分布的方向，短半轴表示旅游空间数据分布的范围。如果长半轴与短半轴的差值越大，且扁率越大，则表示数据的方向性越明显；如果长半轴与短半轴长度越接近，则表示数据方向性越不明显；如果长半轴与短半轴长度相等，表示数据没有任何方向特征。

1.4.3.4 叠置分析

叠置分析是将两个以上的空间要素进行叠加，采用一定的数学模型对要素进行分析，产生一个新的要素。它不仅生成了新的空间关系，还将输入数据图层的属性联结起来产生了新的属性关系。将A级旅游景区的空间位置信息图层与其他图层进行叠置分析，如地形地貌图、交通等图层进行叠加分析，以此对比分析得出广西A级旅游景区在其他空间上的分布差异。

1.4.3.5 不均衡指数

不均衡指数可用来描述一个地理系统相对于另一个地理系统发展的不平衡关系，或一个系统内部的一个指标相对于另一个指标的不均衡关系。它可用来反映省际内部旅游要素的均衡情况。

不均衡指数的取值范围在 0~1。不均衡指数的值越小，表明旅游要素趋于均匀分布在各个区域；反之，则集中分布在某一个或几个区域内。不均衡指数等于 1 说明旅游要素集中分布在一个区域内；不均衡指数等于 0 说明旅游要素均匀分布在各个区域。

1.5 技 术 路 线

文献分析（理论基础、现有政策解读）、定量分析（最近邻点指数、核密度分析、标准差椭圆、叠置分析、地理集中指数、不平衡指数等）、实地调研（二手资料验证、一手资料的收集）、类比分析、案例分析。研究技术路线图如图 1-1 所示。

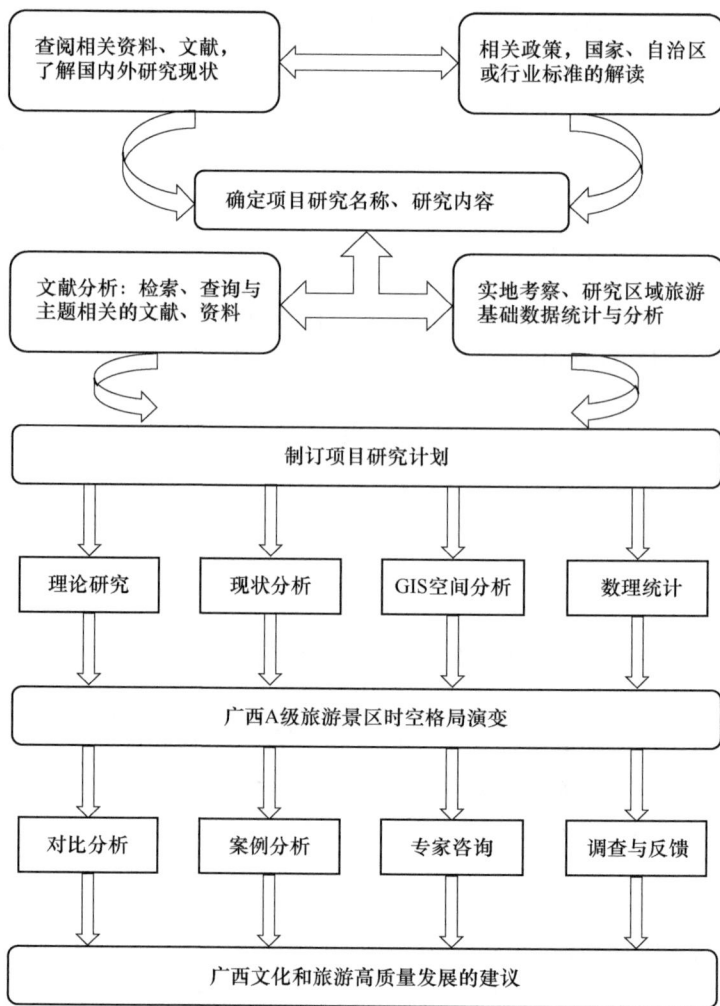

图 1-1 技术路线图

2 理论基础

2.1 相关理论

2.1.1 两山理论

以"绿水青山就是金山银山"为核心的"两山"理论是习近平新时代中国特色社会主义思想的重要组成部分，为新时代推进生态文明建设、实现人与自然和谐共生提供了根本遵循。浙江省湖州市安吉县天荒坪镇余村是"绿水青山就是金山银山"重要理念的首次提出地。自 2005 年以来，余村坚定践行这一理念，走出了一条生态美、产业兴、百姓富的可持续发展之路，美丽乡村建设在余村变成了现实。

"两山"理论蕴含的以人为本、和谐共生、责任担当等价值理念是生态文明建设的重要价值遵循。其中，生态系统动态平衡原则、经济发展与环境保护协调发展原则，以及以人民为中心共建共享原则是生态文明建设的重要原则。

"两山"理论的提出是马克思主义理论指导中国生态文明实践的最新理论成果，彰显着马克思主义生态哲学基本的价值理念，具有当今世界生态文明的基本特质。"两山"理论既继承和发展了马克思主义的人与自然和谐的思想，又传承了中华民族传统文化的生态智慧，体现了继承性和创新性的统一、民族性和世界性的统一，是建设美丽中国、实现"五位一体"总体布局的重要举措，也是当代中国对生态文明理论的重要贡献。"两山"理论既是对中国传统小农社会生态价值观的超越，是一种立足于中国实践基础上应对发展问题的智慧方案，是中国生态文明建设的重要理念创新，为解决生态环境问题提供了中国方案和中国智慧。

2.1.2 可持续发展理论

可持续发展的概念最早于 1987 年世界环境与发展委员会《我们共同的未来》报告提出，它是指"既满足当代人的需要，又不对后代人满足其需要的能力构成危害的发展"。随后，以此为主题对人类共同关心的环境与发展问题进行了全面论述，受到世界各国政府组织和舆论的极大重视，在 1992 年联合国环境与发展大会上可持续发展要领得到与会者共识与承认。

可持续发展理论的内涵体现在：一是只有当人类向自然的索取能够被人类向自然的回馈相平衡的时候；二是只有当人类对于当代的努力能够同对后代的贡献相平衡的时候；三是只有当人类为本区域发展的思考能够同时考虑到其他区域乃至全球利益的时候。可持续发展理论揭示了"发展、协调、持续"的系统本质，反映了"动力、质量、公平"的有机统一，创建了"和谐、稳定、安全"的人文环境，体现了"速度、数量、质量"的绿色运行①。

可持续发展是基于社会、经济、人口、资源、环境相互协调和共同发展的理论和战略，主要包括生态可持续发展、经济可持续发展和社会可持续发展，以保护自然资源环境为基础，以激励经济发展为条件，以改善和提高人类生活质量为目标，宗旨是既能相对满足当代人的需求，又不能对后代的发展构成危害。中国实施可持续发展战略的指导思想是坚持以人为本，以人与自然的和谐为主线，以经济发展为核心，以提高人民群众生活质量为根本出发点，以科技和体制创新为突破口，坚持不懈地全面推进经济社会与人口、资源和生态环境的协调，不断提高中国的综合国力和竞争力。

2.1.3　旅游地生命周期理论

旅游地生命周期理论是描述旅游地演进过程的一种理论，反映了旅游地发展的不同生命周期阶段表现出不同的特点和规律。该概念最早由 W. Christaller 在 1963 年研究欧洲旅游发展时提出的。1978 年，C. Stansfield 在研究美国大西洋城旅游发展时也提出了类似的概念。1980 年，加拿大学者 R. W. Butler 根据产品生命周期的概念，提出旅游地的发展过程一般包括探查、参与、发展、巩固、停滞、衰落复苏六个阶段。

旅游地生命周期理论能够为研究旅游地演化过程、预测旅游地的发展和指导旅游地的市场营销和规划提供理论框架，能够为区域旅游的长期繁荣发展提供宏观指引，有助于旅游地政府部门制定科学、合理的产业政策，也有助于旅游投资者做出正确的决策。

旅游地要打破生命周期的"宿命"，通常情况下，会采取一系列措施对旅游地生命周期进行控制和调整。换而言之，就是对相关的影响因素的作用力和作用方向进行控制和引导，以期最大限度地发挥这些因素对扩展旅游地的生命周期所能产生的积极影响。首先，管理者要从宏观上树立旅游资源的战略性管理的观

---

① 牛文元. 可持续发展理论的内涵认知——纪念联合国里约环发大会 20 周年 [J]. 中国人口·资源与环境，2012，22（5）：9-14.

念，通过全面实施永续旅游战略，来延长旅游地的生命周期，推迟旅游地衰退期的到来。其次，旅游目的地要建立起完善的旅游地吸引物系统，并通过有效的、及时的产品再开发或创新向这个系统提供应有的产品补充，以此谋求供给与需求的动态平衡。最后，有效地运用市场营销观念和手段，是从环境因素的角度控制旅游地生命周期的又一个切入点。市场营销观念强调建立良好的内部组织环境，与外部经营环境建立积极有效的合作关系，并能积极通过自我调整适应外部大环境。

2.1.4 增长极理论

增长极理论是由法国经济学家佩鲁于 1950 年首次提出，该理论被认为是西方区域经济学中经济区域观念的基石，是不平衡发展论的依据之一。该理论认为：一个国家要实现平衡发展只是一种理想，在现实中是不可能的，经济增长通常是从一个或数个"增长中心"逐渐向其他部门或地区传导。因此，应选择特定的地理空间作为增长极，以带动经济发展。增长极理论提出后，许多区域经济学者将这种理论引入地理空间，用它来解释和预测区域经济的结构和布局。法国经济学家布代维尔（J. B. Boudeville）将增长极理论引入区域经济理论中，美国经济学家弗里德曼（John. Friedman）、瑞典经济学家缪尔达尔（Gunnar Myrdal）、美国经济学家赫希曼（A. O. Hischman）分别在不同程度上进一步丰富和发展了这一理论，使区域增长极理论的发展成为区域开发工作中的流行观点。

该理论认为经济增长在空间上并非均匀分布，而是以不同强度出现在一些增长点或增长极上，然后通过不同渠道向外扩散，并对整个经济空间产生不同的影响。当然，增长极可以由大至小逐级传递。它强调在经济总量有差异化的同时，还必须关注结构性的差异化：并不是所有产业都具有相同的发展速度，而是在不同时期，快速增长往往相对集中在主导产业和创新企业上，然后波及其他产业和企业，集中快速增长的工业中心，就是区域的增长极①。

增长极理论提出后，被许多国家用来解决不同的区域发展和规划问题。20世纪 70 年代以后，该理论曾广泛应用于不发达经济和不发达地区经济发展，成为指导经济发展的重要工具，许多国家试图运用这一理论消除落后地区的贫困，促进各地区经济协调发展。但也有一些国家将其作为制定地区发展战略依据，希望借此实现经济增长，但结果并不理想。如法国、意大利、西班牙、加拿大等国曾先后遇到这一问题。

---

① 魏守华，王缉慈，赵雅沁. 产业集群：新型区域经济发展理论［J］. 经济经纬，2002（2）：18-21.

2.1.5　核心—边缘理论

核心—边缘论由美国地理学家 J. 弗里德曼于 1966 年提出，是解释区域空间演变模式的理论。弗里德曼根据对拉丁美洲国家的区域发展演变特征的研究，以及 K. G. 米达尔和 A. O. 希施曼等人有关核心—边缘模式的著作，试图阐明一个区域如何由互不关联、孤立发展，变成发展不平衡，又由极不平衡发展，变为相互关联的平衡发展的区域系统。

旅游涉及旅游者、客源地、目的地以及以交通为主的中间服务环节，旅游实现的空间过程以及所表现出的空间不平衡性十分复杂。核心—边缘理论的全部价值在于提供了一个关于区域空间结构和形态变化的解释模型，并且把这种区域空间结构关系与经济发展的阶段相联系，与佩鲁（Francqis Perrour）的增长极理论、缪尔达尔的累积因果关系理论、赫希曼的空间极化与联系效应理论、罗斯托（W. W. Rostow）的经济成长阶段论、米尔顿·桑托斯（Milton Santos）的分享空间与高低级循环模式、哈格斯特朗（T. Hagerstrand）空间扩散理论、克鲁格曼（Paul. Krugman）新贸易理论等区域经济理论结合在一起，为区域规划学家提供了区域规划的系列理论工具[①]。

核心—边缘理论在区域性旅游规划中运用的关键是结合旅游目的地和旅游客源地之间的相互发展演变的动态规律，不断地为旅游空间结构变动提供认知解释模型和理论指导，促进核心—边缘区域关系的变动和转型，达到促进区域旅游增长的规划目标。其中，借鉴核心—边缘理论进行旅游资源的区域整合、景区土地利用规划与都市旅游圈层构造、区域旅游联动发展等方面，可以取得比较好的实证成果[②]。

2.1.6　点—轴系统理论

点—轴系统理论是中国经济地理学家、中国科学院院士陆大道先生根据克里斯塔勒（W. Christaller）的中心地理论、赫格斯特兰（T. Hagerstrand）的空间扩散理论和佩罗克斯（F. Perroux）的增长极理论为基础，通过对宏观区域发展战略的深入研究于 1984 年提出的。"点"指各级居民点和中心城市，"轴"指由交通、通信干线和能源、水源通道连接起来的"基础设施束"；"轴"对附近区域有很强的经济吸引力和凝聚力。轴线上集中的社会经济设施通过产品、信息、技术、人员、金融等，对附近区域有扩散作用。扩散的物质要素和非物质要素作用

---

① 汪宇明. 核心—边缘理论在区域旅游规划中的运用 [J]. 经济地理，2002 (3)：372-375.

② 同①.

于附近区域，与区域生产力要素相结合，形成新的生产力，推动社会经济的发展①。

点轴发展理论基本上符合生产力空间运动的客观规律。首先，它通过重点轴线的开发和渐进扩散形式，弥补梯度推移的平面板块式的递进方式的不足，真正发挥主体优势，有利于转化区域二元结构，促进城镇周围乡村经济的发展，从而更好地协调城市与区域及区域间的经济发展。其次，通过"点""轴"两要素的结合，在空间结构上，出现由点而轴，由轴而面的格局，呈现出一种立体结构和网格态势，对于信息的横向流动和经济的横向联系有较大的优越性。此外，它将有利于最大限度地实现资源的优化配置，避免资源的不合理流动，同时，且有助于消除区域市场壁垒，促进全国统一的市场的形成。

点—轴系统理论的应用就是点轴开发，即"在全国范围内，确定若干个具有有利发展条件的大区间、省区间及地市间线状基础设施轴线，对轴线地带的若干个点予以重点发展"②③。空间扩散是由社会经济空间结构不均衡引起的，由于存在着"梯度"和"压力差"就会形成空间扩散，扩散的物质要素和非物质要素作用于附近区域，与区域生产力要素相结合，形成新的生产力，推动社会经济发展，最终导致区域空间结构均衡化，这就是"点—轴"渐进式扩散理论。"点—轴系统"理论反映了社会经济空间组织的客观规律，是区域开发的基础性理论，在国土开发和区域发展中广泛应用，对于区域旅游开发同样具有非常重要的理论价值和现实指导意义④。

2.2 概念界定

2.2.1 旅游资源

在旅游资源分类、调查与评价（GB/T 18972—2017）标准中，旅游资源指的是自然界和人类社会凡能对旅游者产生吸引力，可以为旅游业开发利用，并可产生经济效益、社会效益和环境效益的各种事物和现象⑤。在该标准中，依据旅游资源的性状，即现存状况、形态、特性、特征，将其划分为稳定的、客观存在的实体旅游资源和不稳定的、客观存在的事物和现象两大类。分类结构包括主

---

① 陆大道. 关于"点—轴"空间结构系统的形成机理分析［J］. 地理科学，2002，22（1）：1-6.
② 陆大道. 2000年我国工业生产力布局总图的科学基础［J］. 地理科学，1986，6（2）：110-118.
③ 陆大道. 我国区域开发的宏观战略［J］. 地理学报，1987，42（2）：97-105.
④ 汪德根，陆林，陈田，等. 基于点—轴理论的旅游地系统空间结构演变研究——以呼伦贝尔—阿尔山旅游区为例［J］. 经济地理，2005（6）：904-909.
⑤ 资料来源：旅游资源分类、调查与评价（GB/T 18972—2017）.

类、亚类和基本类型三种类型。主类包含地文景观、水域景观、生物景观、天象与气候景观、建筑与设施、历史遗迹、旅游商品和人文活动八大类，八大主类细分为 23 个亚类和 110 个基本类型。

2.2.2 旅游景区

旅游景区是以旅游及其相关活动为主要功能或主要功能之一的空间或地域。依据《旅游景区质量等级的划分与评定》（GB/T 17775—2003），旅游景区指的是具有参观游览、休闲度假、康乐健身等功能，具备相应旅游服务设施并提供相应旅游服务的独立管理区。该管理区应有统一的经营管理机构和明确的地域范围。包括风景区、文博院馆、寺庙观堂、旅游度假区、自然保护区、主题公园、森林公园、地质公园、游乐园、动物园、植物园及工业、农业、经贸、科教、军事、体育、文化艺术等各类旅游景区①。

依据《旅游景区质量等级的划分与评定》（GB/T 17775—2003），旅游景区质量等级可划分为五级，从高到低分别为 AAAAA、AAAA、AAA、AA、A 级旅游景区。国家 AAAA 级旅游景区即 4A 级旅游景区，由省级旅游景区质量等级评定委员会推荐，全国旅游景区质量等级评定委员会组织评定。5A 级旅游景区从 4A 级旅游景区中产生。申报 3A 级及以下等级的旅游景区，由所在地旅游景区评定机构逐级提交评定申请报告、《旅游景区质量等级评定报告书》和创建资料，创建资料包括景区创建工作汇报、服务质量和环境质量具体达标说明和图片、景区资源价值和市场价值具体达标说明和图片。省级或经授权的地市级旅游景区评定机构组织评定，对达标景区直接对外公告，颁发证书和标牌，并报全国旅游景区质量等级评定委员会备案。

2.3 A 级旅游景区研究综述

2.3.1 数据来源

以中国知网（CNKI）收录的文献题录作为数据样本，设定主题或关键词为"A 级旅游景区""A 级景区"，选取学术期刊科学引文索引（Science Citation Index，SCI）、工程索引（Engineering Information Inc，EI）、中国科学引文数据库来源期刊（CSCD）、中文社会科学引文索引（CSSCI）、北京大学《中文核心期刊要目总览》为来源进行检索（简称北大核心），得到符合条件的文献 396 篇，

---

① 资料来源：《旅游景区质量等级的划分与评定》（GB/T 17775—2003）.

各年份发文量如图 2-1 所示。

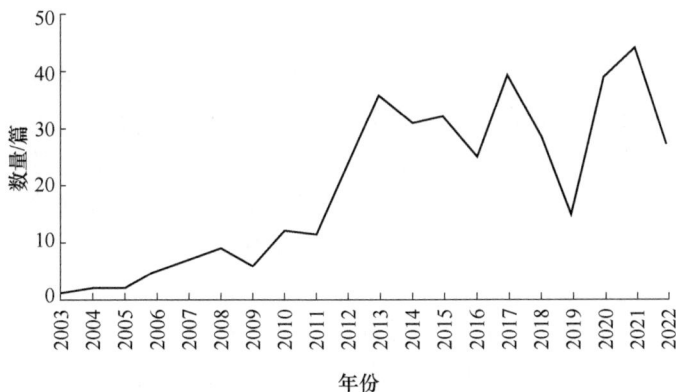

图 2-1 各年份发文量统计

从图 2-1 可知，2010 年以前以 "A 级旅游景区" "A 级景区" 为主题或关键词，且发表在 SCI、EI、CSCD、CSSCI、北大核心等重要期刊的文献相对较少。2011—2022 年期间，除了 2019 年外，整体上呈现波动式增长，这也表明随着 A级旅游景区在社会上的认可度和知名度的提高，学者对其研究的热度和关注点也在不断地加强；发文量方面，经济地理、资源开发与市场、地域研究与开发三大期刊位居前三，旅游学刊、干旱区资源与环境、价格月刊、地理科学、价格理论与实践、地理与地理信息科学、华中师范大学学报（自然科学版）、资源科学、自然资源学报和旅游科学等期刊位列前十，统计情况如图 2-2 所示。

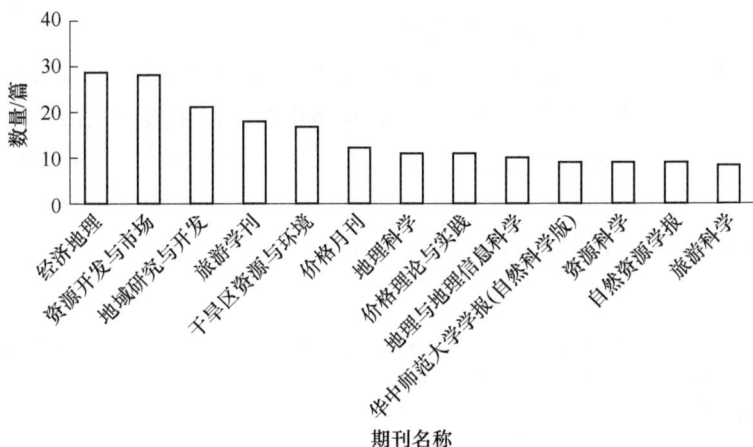

图 2-2 发文量前十的期刊统计

2.3.2 研究主题

自 2001 年景区创 A 以来，以 A 级旅游景区作为研究对象的相关研究陆续展开，国内学者主要基于旅游学、地理学、计量学、管理学等理论和方法对其进行了研究，且取得了一定的成果。从研究主题上看，学者主要围绕空间结构、空间分布、影响因素、开发与管理、门票价格、资源耦合等进行了研究。如朱竑，陈晓亮（2008）对中国 A 级旅游景区空间分布结构进行了研究，以 2286 个中国 A 级旅游景区为研究对象，对其分布特征及变化规律进行了分析，得出 A 级旅游景区与人口分布、地形地势存在关联性和配比性，31 个省（市、自治区）的 A 级旅游景区分布情况虽有差异，但其组成结构具有较高的相似性，而且呈现出不断分散的趋势①。王洪桥，袁家冬，孟祥君（2017）选取东北地区 2009 年、2012 年和 2015 年 A 级旅游景区数据，运用最邻近指数、基尼系数、核密度分析、相关分析等数理方法和 GIS 空间分析技术，从空间分布类型、分布的均衡性和核密度等方面对东北地区 A 级旅游景区的空间分布特征进行探析，并对 A 级旅游景区空间分布与地形地貌、水体等自然要素和社会经济、交通等人文要素进行了探讨②。王雯萱，谢双玉（2012）对湖北省 A 级旅游景区的空间格局与优化进行了分析，选取湖北省 125 家 A 级旅游景区，对其空间结构特征及其与资源、行政区、交通、水系等要素之间的关系进行了分析，得出了湖北省 125 家 A 级旅游景区空间结构特征及其开发过程中存在的四个方面的问题，同时结合存在的问题提出了 A 级旅游景区空间结构优化的思路③。者丽艳，徐小荣，赵东升（2008）对云南玉龙雪山景区优质品牌战略构建对策进行了研究，指出了玉龙雪山景区开发及优质品牌构建存在五大问题、面临四大威胁，针对存在的问题及面临的威胁，提出了云南玉龙雪山景区优质品牌构建的建设性思路和对策④。王蓉，代美玲，欧阳红等（2021）对中国风景名胜资源的空间格局、使用效率与战略适应进行了探讨，以全国 244 个国家级风景名胜区为研究对象，分析其空间分布格局及旅游化使用效率，结合研究结果，提出从转变发展理念、完善法律法规、创新管理体制、严控规划管理、拓宽筹资渠道等方面进行突破，以适应国家生态文明建设战

---

① 朱竑，陈晓亮 . 中国 A 级旅游景区空间分布结构研究 [J]. 地理科学，2008（5）：607-615.

② 王洪桥，袁家冬，孟祥君 . 东北地区 A 级旅游景区空间分布特征及影响因素 [J]. 地理科学，2017，37（6）：895-903.

③ 王雯萱，谢双玉 . 湖北省 A 级旅游景区的空间格局与优化 [J]. 地域研究与开发，2012，31（2）：124-128.

④ 者丽艳，徐小荣，赵东升 . 云南玉龙雪山景区优质品牌战略构建对策研究 [J]. 经济问题探索，2008（3）：128-133.

略需要①。颜麒，杨韫，张邱汉琴（2014）对5A级旅游景区门票免费经济效应进行了研究，结果表明5A级旅游景区免费开放对旅游目的地的旅游产业发展具有不同程度的拉动作用，其作用程度和当地旅游产业总体发展水平及集聚程度有着正向的联系，也受到相关景区的产权结构与经营现状、管理政策、市场竞争程度以及5A级旅游景区在行业内的地位和重要性等因素的影响②。曹芳东，黄震方，黄睿等（2021）对江苏省高速公路流与景区旅游流的空间关联及其耦合路径进行了剖析，选取江苏省作为案例地，运用旅游景区可达性测度方法、耦合协调度分析方法，基于高速公路联网收费数据，在高速公路的旅游景区可达性分析的基础上，通过节点间耦合关联模型的测度与分析，探讨了高速公路流与景区旅游流的空间关系，提出了高速公路与旅游景区协调发展的耦合路径③。

2.3.3 研究方法及理论

关于A级旅游景区的研究方法及理论，前期有少量文献利用最临近点指数、信息熵等方法对其空间结构进行了探究。随着A级旅游景区在社会上的关注度和认可度越来越高，其研究内容及方法、理论也在不断细化、拓展和创新，生态位理论、分形理论、孤岛理论、空间错位理论、扎根理论、竞争优势理论等理论，GIS空间分析、社会网络分析、重要值—表现值、内容分析、认知（Cognition）—情感（Affect）—行为（Behavior）态度模型（简称ABC态度模型）等方法也被运用到A级旅游景区的研究中。如马晓龙，杨新军（2004）以中国4A级旅游区（点）为研究对象，运用最临近点指数、线性回归等方法对其空间特征和关联关系进行了测度④。向延平，向昌国，陈友莲（2010）运用生态位理论对张家界市5个主要旅游景区生态位宽度和生态位重叠在不同指标级别尺度上的变化规律进行了分析⑤。刘大均，谢双玉，陈君子等（2013）以分形理论为支撑，构建了区域旅游景区系统空间结构的演化模式，并以武汉市旅游景区系

① 王蓉，代美玲，欧阳红，等.中国风景名胜资源的空间格局、使用效率与战略适应 [J].资源开发与市场，2021，37（6）：726-733.

② 颜麒，杨韫，张邱汉琴.5A级旅游景区门票免费经济效应研究 [J].商业研究，2014（9）：158-168.

③ 曹芳东，黄震方，黄睿，等.江苏省高速公路流与景区旅游流的空间关联及其耦合路径 [J].经济地理，2021，41（1）：232-240.

④ 马晓龙，杨新军.高级别旅游景区的关联性分析——以中国4A级旅游区（点）为例 [J].西北大学学报（自然科学版），2004（2）：233-237.

⑤ 向延平，向昌国，陈友莲.生态位理论在张家界市主要旅游景区评价中的应用 [J].应用生态学报，2010，21（5）：1315-1320.

统空间结构为例，详细阐述了区域旅游景区系统空间结构的分形特征以及演化模式①。田里，钟晖，杨懿（2016）选取普者黑六大景区，运用旅游经济孤岛理论构建了由 1 个目标层、2 大指标类型和 7 项具体指标构成的旅游经济孤岛效应测度指标体系，结合测度结果，提出了普者黑六大景区旅游经济孤岛效应调控机制②。王红艳，马耀峰（2016）基于空间错位理论，运用重力模型、二维矩阵等方法，探讨了陕西省 10 地市旅游资源与入境旅游之间的错位程度，对陕西省旅游业空间错位幅度、类型等情况进行了详细的分析③。刘萌玥，陈效萱，吴建伟等（2017）基于马蜂窝网全国百家 5A 级旅游景区的游客评论，选取 2014—2015 年评论条数超过 100 的全国 100 家 5A 级旅游景区作为研究对象，通过语义网络分析、高频词分析等方法，结合扎根理论思想，归纳出 4 个一级指标和 14 个二级指标，构建了旅游景区网络舆情指标体系，并以泰山风景区为案例地进行了实证分析④。许春晓，王甫园，王开泳等（2017）基于竞争优势理论，提出了 5 个假设，以湖南省作为案例地，选择案例地 3A 及以上的 A 级旅游景区作为旅游地的核心代表进行实证分析，得出旅游地空间竞争的 4 项基本规律⑤。白子怡，薛亮，严艳（2019）以云南省 2017 年 A 级旅游景区为研究对象，综合运用 GIS 空间分析、层次分析法和数理统计等方法，对其空间分布特征及影响因素进行了分析⑥。滕茜，杨勇，布倩楠等（2015）以上海市 3A 级以上景区为研究对象，基于取携程网、同程网和新浪博客的网络游记及官方旅游部门发布的文本，运用社会网络分析方法研究游客感知下上海旅游景区间的互动过程及官方部门宣传过程中上海旅游景区之间的联动机制⑦。钟栎娜，董晓莉，邵隽（2012）运用重要值—表现值（IPA）方法对 2005 年、2010 年旅游者对旅游景区评价指标重要性的变化以及网站表现的变化进行关联比较，分析了中国旅游景区网站发展过程中与

①　刘大均，谢双玉，陈君子，等. 基于分形理论的区域旅游景区系统空间结构演化模式研究——以武汉市为例 [J]. 经济地理，2013，33（4）：155-160.

②　田里，钟晖，杨懿. 旅游经济孤岛效应测度及调控研究 [J]. 中国人口·资源与环境，2016，26（S1）：281-285.

③　王红艳，马耀峰. 基于空间错位理论的陕西省旅游资源与入境旅游质量研究 [J]. 干旱区资源与环境，2016，30（10）：198-203.

④　刘萌玥，陈效萱，吴建伟，等. 旅游景区网络舆情指标体系构建——基于马蜂窝网全国百家 5A级景区的游客评论 [J]. 资源开发与市场，2017，33（1）：80-84.

⑤　许春晓，王甫园，王开泳，等. 旅游地空间竞争规律探究——以湖南省为例 [J]. 地理研究，2017，36（2）：321-335.

⑥　白子怡，薛亮，严艳. 基于 GIS 的旅游景区空间分布特征及影响因素定量分析：以云南省 A 级旅游景区为例 [J]. 云南大学学报（自然科学版），2019，41（5）：982-991.

⑦　滕茜，杨勇，布倩楠，等. 基于网络文本的景区感知及互动研究——以上海为例 [J]. 旅游学刊，2015，30（2）：33-41.

旅游者期望一致的变化以及不符合旅游者期望的变化①。牛永革，曾文君（2013）以全国119个5A级旅游景区官方旅游网站作为研究对象，运用内容分析方法评估了5A级旅游网站品牌化现状②。舒小林，何亚兰，闵浙思（2022）运用ABC态度模型，基于多源互联网大数据对贵州省5A与4A级旅游景区网络形象类型及分异特征进行研究③。刘敏，郝炜（2020）使用GIS空间分析技术与地理探测器对2001—2017年间影响山西省国家A级旅游景区空间分布的影响因素进行了分析④。朱永凤，瓦哈甫·哈力克，卢龙辉（2017）选取2007年、2011年、2015年全国5A级旅游景区为研究对象，基于地理加权回归模型（GWR）探讨了5A级旅游景区的时空演变特征及其影响因素的空间异质性⑤。

2.3.4　研究尺度

随着A级旅游景区研究主题、研究方法及理论的不断丰富和深入，学者对其研究的范围也在不断拓展，全国、省域、市县级或以城市群/圈、经济带/区以及单个A级旅游景区等层面上展开了研究。如王新前（2007）对四川稻城亚丁生态旅游景区旅游资源的特色、开发现状与存在的问题、建设思路等进行了探讨⑥。陶全刚，张洪岩，程雄等（2017）通过构建旅游资源评价体系，对全国3A级以上旅游景区进行分类与评分，以县区为单元统计旅游景区的总评分，基于GIS空间分析和数理统计等方法，探讨了3A级以上旅游景区的空间分布及聚集性特征⑦。程瑞芳，徐灿灿（2022）对长城文化旅游带空间要素及旅游利用状况、空间要素旅游化利用存在问题、空间结构布局的构建和发展策略进行了分析⑧。贾垚焱，胡静，刘大均等（2019）运用最邻近指数、核密度分析、网格维分析和地理探测器等方法，从空间分布类型、密度、均衡性等方面对长江中游城

①　钟栎娜，董晓莉，邵隽．基于IPA分析的中国旅游景区网站发展研究［J］．旅游学刊，2012，27（3）：60-68．

②　牛永革，曾文君．旅游网站品牌化现状研究：以中国5A级景区为例［J］．旅游学刊，2013，28（11）：84-92．

③　舒小林，何亚兰，闵浙思．基于ABC态度模型的旅游景区形象网络化呈现研究——以贵州省5A与4A级景区为例［J］．资源开发与市场，2022，38（6）：650-656．

④　刘敏，郝炜．山西省国家A级旅游景区空间分布影响因素研究［J］．地理学报，2020，75（4）：878-888．

⑤　朱永凤，瓦哈甫·哈力克，卢龙辉．基于GWR模型的中国5A级旅游景区空间异质性分析［J］．华中师范大学学报（自然科学版），2017，51（3）：416-422．

⑥　王新前．四川稻城亚丁生态旅游景区开发建设管见［J］．经济体制改革，2007（3）：129-133．

⑦　陶全刚，张洪岩，程雄，等．基于县区单元的我国3A级以上旅游景区空间聚集性研究［J］．地理与地理信息科学，2017，33（3）：113-119．

⑧　程瑞芳，徐灿灿．长城文化旅游带空间结构布局及发展策略研究［J］．经济与管理，2022，36（1）：58-64．

市群 A 级旅游景区的空间演化特征及影响机理进行了研究①。徐程瑾，钟章奇，王铮（2015）以旅游圈理论和旅游域模型为基础，对京津冀地区的 13 个城市及其所属的 83 个 4A 级和 13 个 5A 级旅游景区旅游圈的构建进行了研究②。张宇硕，沈雪瑞，睦任静等（2022）采用数理统计与 GIS 空间分析方法探讨了黄河流域 A 级旅游景区多尺度空间格局，并运用地理探测器、空间叠加分析等方法分析了黄河流域 A 级旅游景区各尺度的影响因素及其差异特征③。赵胡兰，杨兆萍，时卉等（2021）以分形理论为基础，对乌鲁木齐市 A 级旅游景区的空间结构进行研究，并选取 5A 级旅游景区天山大峡谷为中心，测算了聚集维数以及基于乌鸦距离和乳牛距离的空间关联维数④。钟屹，曾丽，吴江等（2020）选取江苏省 2012 年、2015 年和 2018 年的 4A 级、5A 级旅游景区为研究对象，使用最近邻点指数、标准差椭圆和核密度等方法分析了江苏省优质景区的空间结构特征、动态演变特征和演变模式⑤。田瑾，明庆忠，刘安乐（2021）以西南地区 172 个山岳型 A 级旅游景区为研究对象，使用 GIS 空间分析、地理探测器等方法，综合分析了其空间分布格局特征及其空间分布的影响因素⑥。张广海，袁洪英，段若曦等（2022）选取 2001—2019 年地级以上城市内的 5A 和 4A 级旅游景区为研究对象，运用总体分异指数（GDI）、探索性空间数据分析（ESDA）等方法，从省级、城市群、城市等不同空间尺度，对其时空演化特征和影响因素进行了综合分析⑦。史甜甜，曾丽，靳文敏等（2021）梳理了国内旅游景区微信公众号的对客服务功能体系，采用层次分析法建构了旅游景区微信公众号功能评估指标体系，并对国内 259 家 5A 级旅游景区微信公众号服务功能建设水平进行了评估⑧。

① 贾垚焱，胡静，刘大均，等.长江中游城市群 A 级旅游景区空间演化及影响机理 [J].经济地理，2019，39（1）：198-206.

② 徐程瑾，钟章奇，王铮.基于 GIS 的京津冀核心旅游圈构建研究 [J].地域研究与开发，2015，34（2）：103-107，130.

③ 张宇硕，沈雪瑞，睦任静，等.黄河流域 A 级旅游景区空间格局及其影响因素的多尺度分析 [J/OL].中国沙漠，2022（6）：1-13.

④ 赵胡兰，杨兆萍，时卉，等.乌鲁木齐市 A 级旅游景区系统空间结构分形研究 [J].中国科学院大学学报，2021，38（3）：367-373.

⑤ 钟屹，曾丽，吴江，等.江苏省优质旅游景区分布格局和空间演变特征分析 [J].南京师大学报（自然科学版），2020，43（1）：76-82.

⑥ 田瑾，明庆忠，刘安乐.我国西南地区山岳型 A 级旅游景区空间分布及影响因素分析 [J].湖南师范大学自然科学学报，2021，44（5）：50-60.

⑦ 张广海，袁洪英，段若曦，等.中国高等级旅游景区资源多尺度时空差异及其影响因素 [J].自然资源学报，2022，37（10）：2672-2687.

⑧ 史甜甜，曾丽，靳文敏，等.5A 级旅游景区微信公众号对客服务功能及其建设水平研究 [J].旅游学刊，2021，36（10）：85-97.

2.3.5　述评

综合国内学者关于 A 级旅游景区的已有研究成果来看，空间结构、分布特征、影响因素、开发与管理等研究主题一直贯穿于 A 级旅游景区的研究中。前期 A 级旅游景区的研究多数集中于开发与管理方面，也有少量文献利用最临近点指数、信息熵等方法对其空间结构进行了探究。总体来说，这一时期的研究理论运用不够深入、模型构建相对简单，研究的范围、尺度也有待进一步拓展。随着地理学、计量经济学、管理学等学科之间的交叉与融合，其理论支撑也越来越多，研究方法、手段也越来越丰富，研究的范围、尺度也进行了扩展。近年来，多数研究成果能够运用多学科理论或方法解决 A 级旅游景区的相关问题，其研究的深度和广度得到了扩展。当然，就目前而言，A 级旅游景区如何与其他文化和旅游资源协同高质量发展、采取何种模式转向低碳旅游发展、如何更有效地促进区域经济发展及带动共同富裕等都是今后将要研究的问题。同时，长时间、多尺度的 A 级旅游景区时空演变和影响机制的研究仍有较大空间。此外，A 级旅游景区空间结构、分布特征与驱动因素之间的内在关联和作用机理的探讨亟须得到学者的重视。

3 广西 A 级旅游景区时空格局演变

3.1 桂东地区 A 级旅游景区分布格局和空间演变

3.1.1 区域概况

综合地理位置、自然地理、人文地理等特点，参照学者的做法将广西划分为桂东、桂西、桂中、桂北和桂南五大区域①。其中，桂东地区包括梧州市、贵港市、玉林市和贺州市；桂西地区包括百色市、河池市和崇左市；桂中地区包括柳州市、来宾市；桂北地区为桂林市；桂南地区包括南宁市、钦州市、北海市和防城港市。

桂东地区东至广东省西部交界，南至钦州市、北海市，西与南宁市、来宾市相邻，北接桂林市和湖南省，是广西的东大门。截至 2020 年 12 月，桂东地区包括 24 个县、市、区，土地面积 4.78 万平方千米，常住人口为 1496.07 万人，实现地区生产总值 4949.1 亿元，入境国际旅游者人数 4.39 万人次，国际旅游消费 7559 万元，国内旅游人数 14290.23 万人次，国内旅游消费 1614.89 亿元②。

3.1.2 发展情况

首批 A 级旅游景区于 2001 年评定并公布，由于多种原因，导致初期评选出的 A 级旅游景区数量不多、质量参差不齐。随着 A 级旅游景区评定标准的不断优化、完善及管理办法的实施，全国首批 5A 级旅游景区名单也于 2007 年产生，形成了我国现行的 A 级旅游景区等级划分体系。崇左市于 2003 年 8 月挂牌成立，是伴随着中国—东盟自由贸易区启动而发展起来的新兴城市，是广西最年轻的地级市。综合考虑多种因素，广西 A 级旅游景区空间发展格局时间段选取 2007—2020 年。桂东地区 2007—2020 年 A 级旅游景区发展情况如图 3-1 所示。

---

① 屠爽爽，简代飞，龙花楼，等. 广西主要农作物生产格局演变特征与机制研究 [J]. 地理学报，2022, 77 (9): 2322-2337.

② 数据来源：广西壮族自治区统计局 2021 广西统计年鉴.

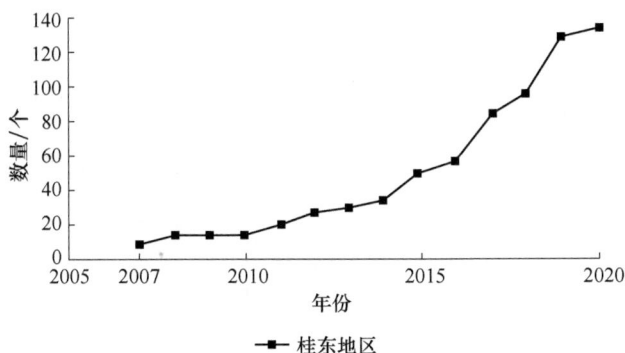

图 3-1 桂东地区 2007—2020 年 A 级旅游景区数量

桂东地区 A 级旅游景区发展状态可分为三个阶段，2007—2010 年为缓慢发展阶段，2011—2014 年为增长阶段，2015—2020 年为快速增长阶段。从该区域各地级市来看，截至 2020 年 12 月，各地级市 A 级旅游景区数量上有所差异。其中，贵港市 A 级旅游景区数量高于其他三个地级市，玉林市处于中间，数量上接近贵港市。梧州市、贺州市两个地级市 A 级旅游景区数量相同，如图 3-2 所示。

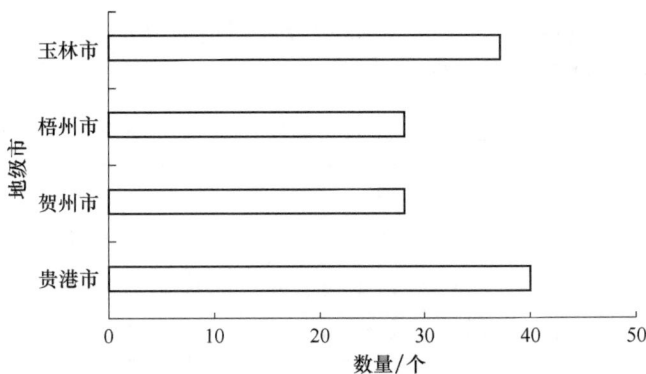

图 3-2 桂东地区 2020 年各地级市 A 级旅游景区数量

桂东地区各地级市 2007—2020 年 A 级旅游景区发展情况如图 3-3 所示，2007—2010 年为缓慢发展阶段，2011—2013 年呈现出增长趋势，这一时段中四个地级市 A 级旅游景区数量相差不大；自 2014 年起，各地级市 A 级旅游景区数量均呈现出不同的增长速度，贵港市、玉林市增速高于梧州市和贺州市。

3.1.3 空间分布类型

A 级旅游景区在宏观上可视为点状旅游要素，针对点状要素的空间分析首先

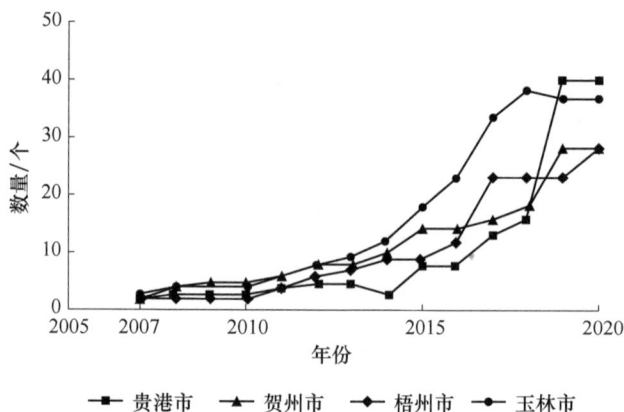

图 3-3 桂东地区 2007—2020 年各地级市 A 级旅游景区数量

是判断其空间分布模式，而点与点之间的最邻近距离是衡量点状要素分散、集聚特征的重要指标。可运用 ArcMap 空间统计工具中的平均最近邻（Average Nearest Neighbor）来进行分析，通过运算得到的最邻近指数来判断 A 级旅游景区的分布类型。因此，使用 ArcGIS 10.8 测算出桂东地区 2007—2020 年 A 级旅游景区平均观测距离、预期平均距离、Z 值、P 值和最近邻指数（R 值）。根据测算得到的最近邻指数判断其空间分布的类型，结果见表 3-1。

表 3-1 桂东地区 2007—2020 年 A 级旅游景区最邻近点指数统计表

年份	R 值	Z 值	P 值	类型	年份	R 值	Z 值	P 值	类型
2007	0.75	-1.41	0.16	随机	2014	0.71	-3.24	0.00	聚集
2008	0.95	-0.35	0.73	随机	2015	0.77	-3.06	0.00	聚集
2009	0.88	-0.89	0.37	随机	2016	0.65	-5.05	0.00	聚集
2010	0.88	-0.89	0.37	随机	2017	0.75	-4.44	0.00	聚集
2011	1.08	0.71	0.48	随机	2018	0.70	-5.55	0.00	聚集
2012	0.98	-0.16	0.87	随机	2019	0.74	-5.59	0.00	聚集
2013	1.00	-0.03	0.97	随机	2020	0.72	-6.22	0.00	聚集

通过分析表 3-1 可知：2007—2013 年桂东地区 A 级旅游景区 R 值较高，且 P 值不显著，表明此期间桂东地区 A 级旅游景区空间分布类型为随机分布模式。2014—2020 年该地区 A 级旅游景区 R 值相对稳定，且 P 值显著，表明此期间桂东地区 A 级旅游景区空间分布类型为聚集分布模式。这一结果也说明了桂东地区 A 级旅游景区在发展过程中，A 级旅游景区之间的空间距离逐渐在减小。

3.1.4 空间分布方向及范围

标准差椭圆法是分析空间分布方向性特征的经典方法之一，使用标准差椭圆可从全局、空间的角度定量解释要素在空间分布的中心性、展布性、方向性和空间形态等特征，已成为 GIS 空间统计模块的常规统计工具。ArcMap 空间统计工具中的方向分布标准差椭圆（Spatial Statistics）可输出椭圆面的长轴和短轴距离、椭圆的方向等特征。因此，可借助 ArcMap 10.8 方向分布标准差椭圆统计出桂东地区 A 级旅游景区的中心趋势、离散和方向趋势，桂东地区 2007—2020 年 A 级旅游景区标准差椭圆长轴、短轴、旋转角等结果见表 3-2。

表 3-2 桂东地区 2007—2020 年 A 级旅游景区标准差椭圆参数统计表

年份	短轴/m	长轴/m	旋转角/(°)	年份	短轴/m	长轴/m	旋转角/(°)
2007	107604.42	270610.47	38.80	2014	105722.58	287296.80	27.64
2008	99694.72	294667.64	31.30	2015	111967.94	285602.70	30.44
2009	96458.12	296489.83	30.73	2016	113958.67	257427.26	26.92
2010	96458.12	296489.83	30.73	2017	118871.88	249489.45	23.89
2011	107375.88	298749.17	31.57	2018	120159.05	257053.27	25.04
2012	108309.94	291176.45	33.62	2019	129844.01	270486.09	30.06
2013	110211.86	285925.51	32.71	2020	131102.91	266128.70	31.22

ArcMap 10.8 绘制的桂东地区 2007—2020 年 A 级旅游景区标准差椭圆特征为：长轴与短轴长度变化不明显，且长轴与短轴长度差值年度变化不大，导致标准差椭圆形态无明显变化；方向分布均为"东北—西南"趋势；中心位置略有偏移，但变化幅度不大。由表 3-2 所示数据可知，自 2011 年开始，标准差椭圆的短轴长度逐年增加，这也表明此期间随着 A 级旅游景区的增加，桂东地区 A 级旅游景区的范围有所扩大。因此，2007—2020 年期间，桂东地区 A 级旅游景区范围在扩大，方向分布为"东北—西南"。

3.2 桂西地区 A 级旅游景区分布格局和空间演变

3.2.1 区域概况

桂西地区地处华南经济圈、西南经济圈和东盟经济圈的接合部，是中国西南出海大通道的必经之地，是中国—东盟自贸区的前沿地带。它与云南省、贵州省以及越南陆路相连。该地区气候宜人，拥有独特的自然山水、民族风情、边关景貌、长寿养生以及红色旅游，构成了特色鲜明、少有的旅游资源。截至 2020 年 12 月，桂西地区包括 30 个县、市、区，土地面积 8.70 万平方千米，常住人口为 908.96 万人，实现地区生产总值 3070.44 亿元，入境国际旅游者人数 3.60 万人次，国际旅游消费 7586 万元，国内旅游人数 11202.45 万人次，国内旅游消费 1218.44 亿元①。

3.2.2 发展情况

桂西地区 2007—2020 年 A 级旅游景区发展情况如图 3-4 所示。该地区 A 级旅游景区发展状态可分为三个阶段，2007—2009 年为缓慢发展阶段，2010—2014 年为增长阶段，2015—2020 年为快速增长阶段。

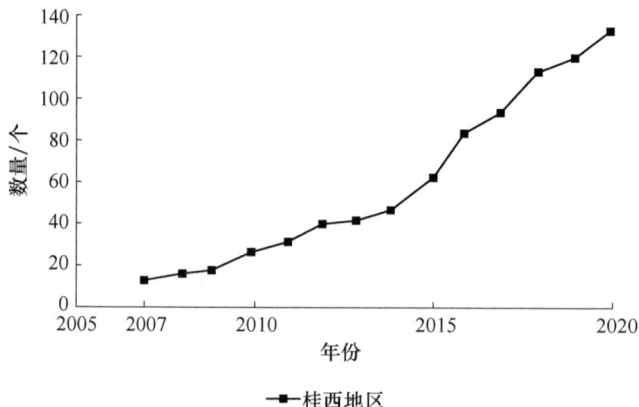

图 3-4 桂西地区 2007—2020 年 A 级旅游景区数量

从该区域各地级市来看，截至 2020 年 12 月，各地级市 A 级旅游景区数量有所差异，河池市 A 级旅游景区数量高于崇左市和百色市，如图 3-5 所示。

桂西地区各地级市 2007—2020 年 A 级旅游景区发展情况如图 3-6 所示，2007—2009 年三个地级市 A 级旅游景区数量相差不大，从 2010 年开始，其增长速度各不相同。其中，河池市 2007—2009 年 A 级旅游景区为缓慢发展阶段，2010—2013 年为增长阶段，自 2014 年起，增长速度变快。崇左市 2007—2010 年 A 级旅游景区发展较为缓慢，2011—2014 年增幅不大，2015—2020 年增长速度极快。百色市 2007—2009 年 A 级旅游景区发展也较为缓慢，2010—2015 年有所增长，2016—2020 年增长速度变快。

① 数据来源：广西壮族自治区统计局 2021 广西统计年鉴.

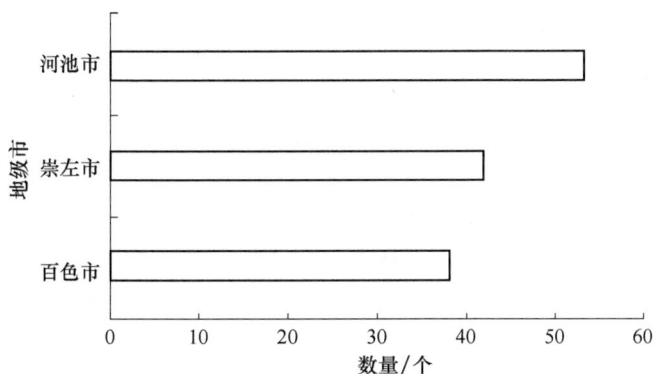

图 3-5　桂西地区 2020 年各地级市 A 级旅游景区数量

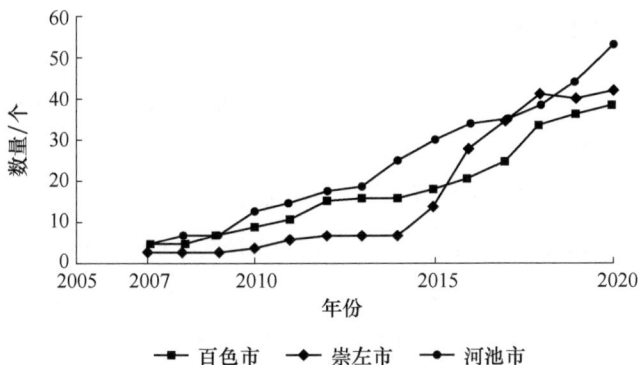

图 3-6　桂西地区 2007—2020 年各地级市 A 级旅游景区数量

3.2.3　空间分布类型

使用 ArcMap 10.8 空间统计工具中的平均最近邻测算了桂西地区 2007—2020 年 A 级旅游景区最邻近指数，R 值、Z 值和 P 值结果统计见表 3-3。

表 3-3　桂西地区 2007—2020 年 A 级旅游景区最邻近点指数统计表

年份	R 值	Z 值	P 值	类型	年份	R 值	Z 值	P 值	类型
2007	0.66	-2.34	0.02	聚集	2012	0.66	-4.08	0.00	聚集
2008	0.77	-1.69	0.09	聚集	2013	0.65	-4.38	0.00	聚集
2009	0.76	-1.87	0.06	聚集	2014	0.74	-3.49	0.00	聚集
2010	0.66	-3.28	0.00	聚集	2015	0.63	-5.54	0.00	聚集
2011	0.69	-3.31	0.00	聚集	2016	0.63	-6.44	0.00	聚集

年份	R 值	Z 值	P 值	类型	年份	R 值	Z 值	P 值	类型
2017	0.60	-7.49	0.00	聚集	2019	0.58	-8.82	0.00	聚集
2018	0.58	-8.59	0.00	聚集	2020	0.59	-8.94	0.00	聚集

通过分析表 3-3 可知：除 2008 年和 2009 年 P 值不显著外，其余年份的 P 值都显著。总体上来说，桂西地区 2007—2020 年 A 级旅游景区 R 值呈现下降的趋势，空间分布类型表现为聚集分布模式。这一结果也说明了桂西地区 A 级旅游景区在发展过程中，A 级旅游景区之间的空间距离逐渐在减小。考虑到 2007—2010 年该地区 A 级旅游景区总量较少，故此期间桂西地区 A 级旅游景区的空间分布类型为随机分布模式。

3.2.4 空间分布方向及范围

运用 ArcMap 10.8 空间统计工具中的方向分布标准差椭圆统计出桂西地区 A 级旅游景区的中心趋势、离散和方向趋势，桂西地区 2007—2020 年 A 级旅游景区标准差椭圆长轴、短轴、旋转角等结果见表 3-4。

表 3-4 桂西地区 2007—2020 年 A 级旅游景区标准差椭圆参数统计表

年份	短轴/m	长轴/m	旋转角/(°)	年份	短轴/m	长轴/m	旋转角/(°)
2007	179863.33	373790.58	34.40	2014	180532.77	326414.93	31.48
2008	175384.44	350936.16	35.79	2015	175263.78	353849.05	26.37
2009	170556.33	331315.22	34.78	2016	172914.13	355562.57	19.69
2010	187284.96	332810.34	31.86	2017	185898.95	350045.56	17.52
2011	191945.23	334743.37	27.58	2018	183134.15	343644.19	15.38
2012	187057.24	331649.64	26.61	2019	180805.75	332756.81	17.77
2013	183111.43	327807.57	27.21	2020	181210.29	327738.28	18.78

ArcMap 10.8 绘制的桂西地区 2007—2020 年 A 级旅游景区标准差椭圆特征为：长轴与短轴长度变化不明显，且长轴与短轴长度差值年度变化不大，导致标准差椭圆形态无明显变化；方向分布均为"东北—西南"趋势；中心位置略有偏移，但变化幅度不大。由表 3-4 所示数据和图 3-6 可知，自 2015 年开始，崇左市 A 级旅游景区增加的数量较多，致使 2015—2020 年间该区域 A 级旅游景区标准差椭圆的旋转角变小。总体来说，2007—2020 年间，桂西地区 A 级旅游景区的范围有所扩大，但主要体现在局部范围中，方向分布还是"东北—西南"。

3.3　桂南地区 A 级旅游景区分布格局和空间演变

3.3.1　区域概况

桂南地区东与来宾市、贵港市、玉林市为邻，西接百色市、崇左市，北部与河池市、来宾市毗邻，南接北部湾海域，是我国沿海主要港口和"一带一路"海陆衔接的重要门户港，也是我国内陆腹地进入中南半岛东盟国家最便捷的出海通道。截至 2020 年 12 月，桂南地区包括 24 个县、市、区，土地面积 4.32 万平方千米，常住人口为 1496.20 万人，实现地区生产总值 8124.02 亿元，入境国际旅游者人数 5.59 万人次，国际旅游消费 12042 万元，国内旅游人数 22347.31 万人次，国内旅游消费 2366.13 亿元[①]。

3.3.2　发展情况

桂南地区 2007—2020 年 A 级旅游景区发展情况如图 3-7 所示。该地区 A 级旅游景区发展状态可分为三个阶段，2007—2010 年为缓慢发展阶段，2011—2013 年为增长阶段，2014—2020 年为快速增长阶段。

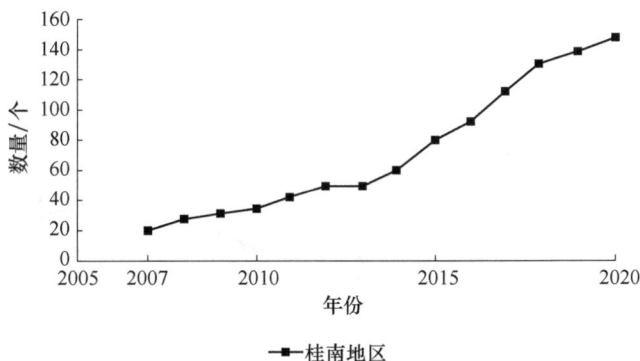

图 3-7　桂南地区 2007—2020 年 A 级旅游景区数量

从该区域各地级市来看，截至 2020 年 12 月，各地级市 A 级旅游景区数量有所差异，南宁市 A 级旅游景区数量高于其他三个地级市，钦州市、北海市 A 级旅游景区数量相差不大，防城港市数量较少，如图 3-8 所示。

---

① 数据来源：广西壮族自治区统计局 2021 广西统计年鉴．

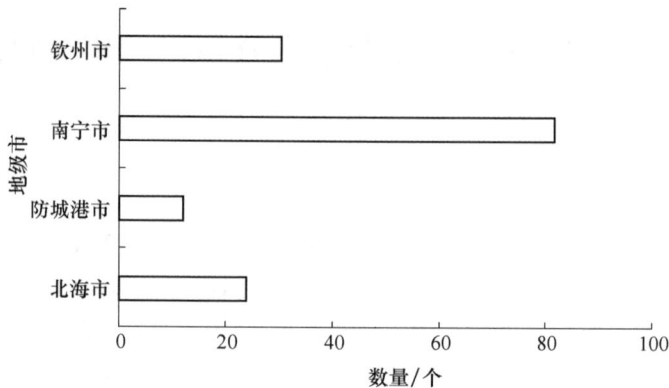

图 3-8 桂南地区 2020 年各地级市 A 级旅游景区数量

桂南地区各地级市 2007—2020 年 A 级旅游景区发展情况如图 3-9 所示,除南宁市外,2007—2014 年其他三个地级市 A 级旅游景区数量相差不大,从 2015年开始,其增长速度各不相同。其中,南宁市 2007—2014 年 A 级旅游景区为缓慢增长阶段,2015—2020 年增长速度变快。钦州市、北海市数量及其发展趋势较为接近,2007—2013 年 A 级旅游景区为缓慢发展阶段,2014—2020 年增长速度有所提升。防城港市 2007—2010 年 A 级旅游景区发展较为缓慢,2011—2020年数量有所增加,但增幅不大,相对来说其数量及增速较为稳定。

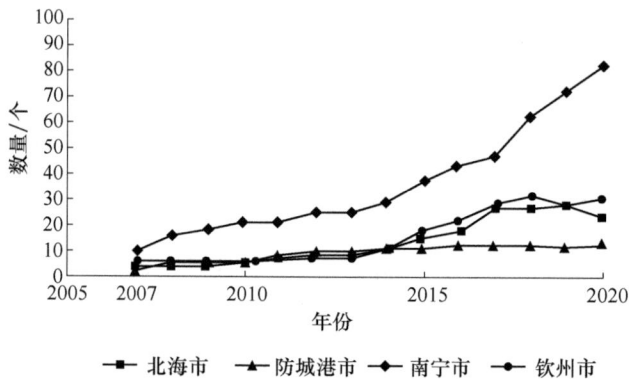

图 3-9 桂南地区 2007—2020 年各地级市 A 级旅游景区数量

3.3.3 空间分布类型

使用 ArcMap 10.8 空间统计工具中的平均最近邻测算了桂南地区 2007—2020年 A 级旅游景区最邻近指数,R 值、Z 值和 P 值结果统计见表 3-5。

表 3-5　桂南地区 2007—2020 年 A 级旅游景区最邻近点指数统计表

年份	R 值	Z 值	P 值	类型	年份	R 值	Z 值	P 值	类型
2007	0.97	-0.29	0.78	随机	2014	0.61	-5.87	0.00	聚集
2008	0.94	-0.65	0.52	随机	2015	0.59	-7.09	0.00	聚集
2009	0.91	-1.01	0.31	随机	2016	0.62	-6.96	0.00	聚集
2010	0.88	-1.37	0.17	随机	2017	0.63	-7.42	0.00	聚集
2011	0.81	-2.31	0.02	聚集	2018	0.62	-8.35	0.00	聚集
2012	0.70	-4.00	0.00	聚集	2019	0.60	-8.93	0.00	聚集
2013	0.70	-4.00	0.00	聚集	2020	0.61	-9.11	0.00	聚集

通过分析表 3-5 可知：2007—2010 年 R 值较高，且 P 值不显著外，此期间桂南地区 A 级旅游景区空间分布类型为随机分布模式；2011—2020 年 R 值呈现出下降趋势，且 P 值显著，此期间桂南地区 A 级旅游景区空间分布类型为聚集分布模式。这一结果也说明了桂南地区 A 级旅游景区在发展过程中，A 级旅游景区之间的空间距离逐渐在减小。

3.3.4　空间分布方向及范围

运用 ArcMap 10.8 空间统计工具中的方向分布标准差椭圆统计出桂南地区 A 级旅游景区的中心趋势、离散和方向趋势，桂南地区 2007—2020 年 A 级旅游景区标准差椭圆长轴、短轴、旋转角等结果见表 3-6。

表 3-6　桂南地区 2007—2020 年 A 级旅游景区标准差椭圆参数统计表

年份	短轴/m	长轴/m	旋转角/(°)	年份	短轴/m	长轴/m	旋转角/(°)
2007	108317.02	197793.83	158.02	2014	135310.97	221883.17	162.86
2008	125729.76	200150.00	167.00	2015	132503.81	228637.46	163.88
2009	120475.72	220804.32	164.53	2016	130258.18	228408.82	164.71
2010	119010.36	214220.47	166.70	2017	126728.88	233533.25	160.17
2011	127865.79	218299.88	164.64	2018	119766.22	238534.24	160.24
2012	124988.66	223795.57	167.21	2019	115189.64	242490.87	158.21
2013	124988.66	223795.57	167.21	2020	117708.10	233556.43	158.43

ArcMap 10.8 绘制的桂南地区 2007—2020 年 A 级旅游景区标准差椭圆特征为：短轴长度变化不明显，长轴长度略有增加；方向分布均为"东南—西北"趋势；中心位置略有偏移，但变化幅度不大。因此，2007—2020 年期间，桂南地区 A 级旅游景区范围在扩大，方向分布为"东南—西北"。

3.4　桂北地区 A 级旅游景区分布格局和空间演变

3.4.1　区域概况

　　桂北地区位于南岭山系西南部，地处湘桂走廊南端，地处东经 109°36′50″~ 111°29′30″，北纬 24°15′23″~26°23′30″，境域南北长 236 千米、东西宽 189 千米。北部及东北部与湖南省交界，东南部与贺州市接壤，南部与梧州市及来宾市毗邻，西部及西南部与柳州市相接。截至 2020 年 12 月，桂北地区包括 17 个县、市、区，土地面积 2.77 万平方千米，常住人口为 493.74 万人，实现地区生产总值 2130.41 亿元，入境国际旅游者人数 9.83 万人次，国际旅游消费 24483 万元，国内旅游人数 10231.37 万人次，国内旅游消费 1231.09 亿元①。

3.4.2　发展情况

　　该地区是世界著名的风景游览城市和中国历史文化名城，是广西 A 级景区数量最多的城市，2007—2020 年该区域 A 级旅游景区发展情况如图 3-10 所示。该地区 A 级旅游景区发展状态可分为两个阶段，2007—2016 年为增长阶段，2017—2020 年为快速增长阶段。

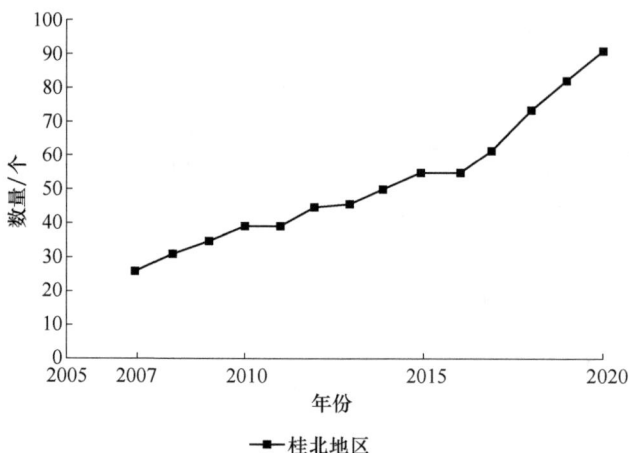

图 3-10　桂北地区 2007—2020 年 A 级旅游景区数量

---

① 数据来源：广西壮族自治区统计局 2021 广西统计年鉴．

3.4.3 空间分布类型

使用 ArcMap 10.8 空间统计工具中的平均最近邻测算了桂北地区 2007—2020 年 A 级旅游景区最邻近指数，R 值、Z 值和 P 值结果统计见表 3-7。

表 3-7 桂北地区 2007—2020 年 A 级旅游景区最邻近点指数统计表

年份	R 值	Z 值	P 值	类型	年份	R 值	Z 值	P 值	类型
2007	0.84	-1.52	0.13	随机	2014	0.87	-1.72	0.08	聚集
2008	0.82	-1.94	0.05	聚集	2015	0.83	-2.47	0.01	聚集
2009	0.92	-0.93	0.35	随机	2016	0.79	-2.99	0.00	聚集
2010	0.89	-1.29	0.20	随机	2017	0.72	-4.19	0.00	聚集
2011	0.89	-1.29	0.20	随机	2018	0.73	-4.33	0.00	聚集
2012	0.77	-2.87	0.00	聚集	2019	0.73	-4.63	0.00	聚集
2013	0.80	-2.53	0.01	聚集	2020	0.76	-4.32	0.00	聚集

通过分析表 3-7 可知：2007—2011 年，除 2008 年 P 值显著外，其余年份的 P 值都不显著；2012—2020 年 P 值显著。总体上来说，桂北地区 2007—2020 年 A 级旅游景区 R 值呈现下降的趋势，2007—2011 年该地区 A 级旅游景区空间分布类型表现为随机分布模式，2012—2020 年其空间分布类型表现为聚集分布模式。这一结果也说明了桂北地区 A 级旅游景区在发展过程中，A 级旅游景区之间的空间距离逐渐减小。

3.4.4 空间分布方向及范围

运用 ArcMap 10.8 空间统计工具中的方向分布标准差椭圆统计出桂北地区 A 级旅游景区的中心趋势、离散和方向趋势，桂北地区 2007—2020 年 A 级旅游景区标准差椭圆长轴、短轴、旋转角等结果见表 3-8。

表 3-8 桂北地区 2007—2020 年 A 级旅游景区标准差椭圆参数统计表

年份	短轴/m	长轴/m	旋转角/(°)	年份	短轴/m	长轴/m	旋转角/(°)
2007	41142.39	120389.66	175.43	2010	61772.80	127270.06	172.04
2008	40335.50	125139.11	176.71	2011	61772.80	127270.06	172.04
2009	50407.68	128120.44	170.25	2012	67210.96	135530.19	171.91

年份	短轴/m	长轴/m	旋转角/(°)	年份	短轴/m	长轴/m	旋转角/(°)
2013	66742.59	135174.41	171.75	2017	68929.37	157645.16	177.17
2014	70985.07	132472.90	176.65	2018	78817.93	155658.47	177.16
2015	72746.79	139581.62	172.05	2019	92766.47	145421.73	4.10
2016	70527.26	145944.55	175.56	2020	99088.23	141920.26	9.63

ArcMap 10.8 绘制的桂北地区 2007—2020 年 A 级旅游景区标准差椭圆特征为：长轴长度变化不明显，短轴长度呈现明显增加的趋势，且每一年长轴与短轴长度差值在缩小，导致标准差椭圆形态发生明显变化；2007—2018 年方向分布近似为"正北—正南"趋势，2019—2020 年方向分布转向"东北—西南"趋势；中心位置略有偏移，但变化幅度不大。由表 3-8 所示数据可知，自 2007 年开始，桂北地区 A 级旅游景区标准差椭圆短轴长度在逐渐增长，这也表明，此期间桂北地区 A 级旅游景区的范围在逐步扩大。

3.5 桂中地区 A 级旅游景区分布格局和空间演变

3.5.1 区域概况

桂中地区东与桂林市、梧州市为邻，西接南宁市、河池市，南接贵港市，北部与湖南省和贵州省相毗邻，是西南出海大通道的重要组成部分，也是沟通西南与中南、华东、华南地区的重要铁路枢纽。截至 2020 年 12 月，桂中地区包括 16 个县、市、区，土地面积 3.20 万平方千米，常住人口为 624.04 万人，实现地区生产总值 3882.66 亿元，入境国际旅游者人数 1.28 万人次，国际旅游消费 2881 万元，国内旅游人数 8020.75 万人次，国内旅游消费 831.53 亿元[①]。

3.5.2 发展情况

桂中地区 2007—2020 年 A 级旅游景区发展情况如图 3-11 所示。该地区 A 级旅游景区发展状态可分为两个阶段，2007—2011 年为缓慢增长阶段，2012—2020 年为快速增长阶段。

---

① 数据来源：广西壮族自治区统计局 2021 广西统计年鉴.

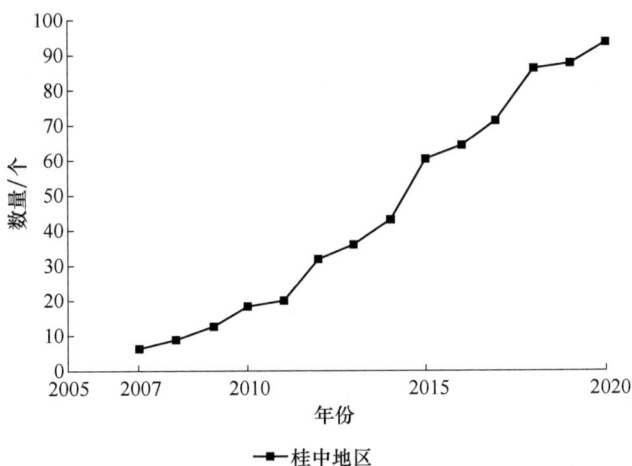

图 3-11 桂中地区 2007—2020 年 A 级旅游景区数量

从该区域各地级市来看，截至 2020 年 12 月，各地级市 A 级旅游景区数量有所差异，柳州市 A 级旅游景区数量高于来宾市，如图 3-12 所示。

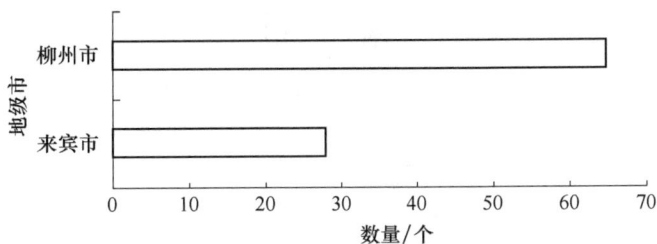

图 3-12 桂中地区 2020 年各地级市 A 级旅游景区数量

桂中地区各地级市 2007—2020 年 A 级旅游景区发展情况如图 3-13 所示。柳州市 2007—2011 年 A 级旅游景区为缓慢增长阶段，2012—2020 年增长速度变快。来宾市 2007—2013 年 A 级旅游景区发展较为缓慢，2014—2018 年增长速度变快，2019—2020 年平稳发展。

3.5.3 空间分布类型

使用 ArcMap 10.8 空间统计工具中的平均最近邻测算了桂中地区 2007—2020 年 A 级旅游景区最邻近指数，R 值、Z 值和 P 值结果统计见表 3-9。

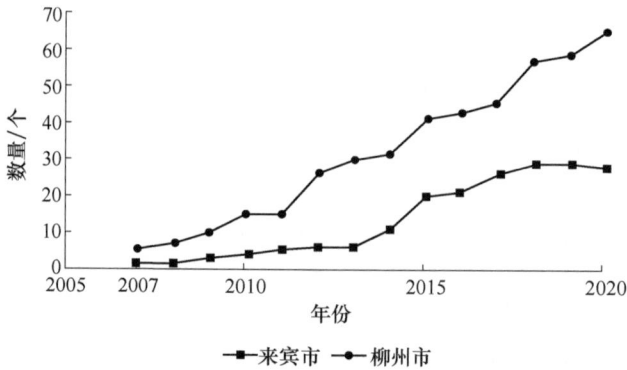

图 3-13　桂中地区 2007—2020 年各地级市 A 级旅游景区数量

表 3-9　桂中地区 2007—2020 年 A 级旅游景区最邻近点指数统计表

年份	R 值	Z 值	P 值	类型	年份	R 值	Z 值	P 值	类型
2007	1.54	2.75	0.01	离散	2014	0.67	-4.20	0.00	聚集
2008	1.62	3.58	0.00	离散	2015	0.55	-6.72	0.00	聚集
2009	1.30	2.07	0.04	离散	2016	0.58	-6.46	0.00	聚集
2010	1.00	0.03	0.97	随机	2017	0.57	-6.95	0.00	聚集
2011	0.94	-0.48	0.63	随机	2018	0.54	-8.20	0.00	聚集
2012	0.76	-2.56	0.01	聚集	2019	0.56	-7.97	0.00	聚集
2013	0.73	-3.10	0.00	聚集	2020	0.57	-7.95	0.00	聚集

通过分析表 3-9 可知：除 2010 和 2011 年 P 值不显著外，其余年份的 P 值都显著。总体上来说，桂中地区 2007—2020 年 A 级旅游景区 R 值呈现下降的趋势，空间分布类型经历了离散—随机—聚集分布的模式。这一结果也说明了桂中地区 A 级旅游景区在发展过程中，A 级旅游景区数量增加明显，且各景区之间的空间距离逐渐减小。

3.5.4　空间分布方向及范围

运用 ArcMap 10.8 空间统计工具中的方向分布标准差椭圆统计出桂中地区 A 级旅游景区的中心趋势、离散和方向趋势，桂中地区 2007—2020 年 A 级旅游景区标准差椭圆长轴、短轴、旋转角等结果见表 3-10。

表 3-10 桂中地区 2007—2020 年 A 级旅游景区标准差椭圆参数统计表

年份	短轴/m	长轴/m	旋转角/(°)	年份	短轴/m	长轴/m	旋转角/(°)
2007	100526.13	43772.87	126.08	2014	98521.88	197550.59	175.34
2008	76542.39	197132.15	168.39	2015	115996.93	204750.96	175.04
2009	97199.34	190569.19	176.64	2016	117510.55	203857.57	175.72
2010	88175.38	186064.61	171.27	2017	116729.75	203641.15	177.05
2011	86255.29	186827.16	170.55	2018	113466.30	195839.54	177.94
2012	81903.29	178378.45	168.06	2019	112378.09	191692.56	177.20
2013	79600.00	184338.31	171.24	2020	106892.33	191712.41	176.72

ArcMap 10.8 绘制的桂中地区 2007—2020 年 A 级旅游景区标准差椭圆特征为：除 2007 年外，其余年份的长轴长度变化不明显，短轴长度呈现明显增加的趋势，导致标准差椭圆形态发生变化；2007 年方向分布为"西北—东南"趋势，2008—2020 年方向分布近似为"正北—东南"趋势；中心位置略有偏移，但变化幅度不大。由表 3-10 所示数据可知，桂中地区 A 级旅游景区标准差椭圆短轴长度在逐渐增长，这也表明，此期间桂中地区 A 级旅游景区的范围在逐步扩大。

3.6 广西 A 级旅游景区分布格局和空间演变

3.6.1 区域概况

广西地处祖国南疆，位于东经 104°28′～112°04′，北纬 20°54′～26°23′，北回归线横贯中部。东连广东省，南临北部湾并与海南省隔海相望，西与云南省毗邻，东北接湖南省，西北靠贵州省，西南与越南社会主义共和国接壤。行政区域总面积 23.76 万平方千米，管辖北部湾海域面积约 4 万平方千米。截至 2020 年12 月，广西地区包括 111 个县、市、区，土地面积 23.76 万平方千米，常住人口为 5019.01 万人，实现地区生产总值 22156.63 亿元，入境国际旅游者人数 24.68万人次，国际旅游消费 54551 万元，国内旅游人数 66092.11 万人次，国内旅游消费 7262.08 亿元[①]。

3.6.2 发展情况

2019 年广西壮族自治区旅游总消费首次突破万亿元大关，旅游业综合增加

---

① 数据来源：广西壮族自治区统计局 2021 广西统计年鉴.

值占 GDP、服务业比重为 18.6% 和 36.6%，旅游税收对财政收入的综合贡献率达 17.5%，旅游业已经成为广西社会经济发展的重要支柱性产业。近两年虽受疫情影响，但广西也交出了旅游总消费 7267.53 亿元、9062.99 亿元的好成绩。广西东连粤港澳大湾区，南临北部湾，背靠大西南，面向东南亚，不仅沿海、沿江，是中国东盟交往的中心地带，是"一带一路"衔接的门户，也是西部陆海新通道陆海交汇门户。区内拥有山水景观、康养长寿、民族风情、滨海风韵、边关风貌和红色旅游等壮丽风光和魅力人文资源。近年来，广西文化日益繁荣，旅游蓬勃发展，跨境旅游掀起新浪潮，文化旅游产业国际影响力、竞争力明显增强，旅游强区建设取得重大进展。广西将打造桂林世界级旅游城市作为重要使命任务和发展机遇，积极部署落实并出台系列支持政策，要求坚持世界眼光、国际标准、中国风范、广西特色、桂林经典，加快推进世界级山水旅游名城、世界级文化旅游之都、世界级康养休闲胜地、世界级旅游消费中心建设，全力打造桂林世界级旅游城市，昂起全区文化旅游发展龙头。

在《广西"十四五"文化和旅游发展规划》中明确提出，现代文化产业和旅游业体系初步形成，产业规模显著扩大，核心竞争力明显增强。文化和旅游高品质服务体系基本形成，公共服务体系更加健全。现代文化和旅游市场体系更加完备，市场治理能力现代化水平大幅提高。旅游经济主要指标稳居全国第一方阵，文化旅游强区和世界级旅游目的地建设取得重大进展。

近年来，广西在全力推进文化和旅游强区建设方面取得了积极成效，有效地推进了全区文化和旅游产业高质量发展。A 级旅游景区创建和建设方面成绩也较为突出。为了更加深入和直观地了解广西 A 级旅游景区发展情况，选取广西 2007—2020 年 A 级旅游景区为研究对象，对其发展情况进行详细分析，为该地区文化与旅游高质量发展提供参考意见。

广西 2007—2020 年 A 级旅游景区发展情况如图 3-14 所示，发展状态可划分为两个阶段。其中，2007—2014 年为增长阶段。A 级旅游景区评定标准的完善和管理办法的实施、A 级旅游景区品牌效应的发挥是此阶段得以稳定发展的基础和保障。2014—2020 年为快速增长阶段。这一阶段广西出台多个政策文件及举措，为 A 级旅游景区的稳定和快速发展提供了政策环境保障。主要体现在三个方面：一是广西将旅游业主动融入和积极落实国家"一带一路"、全域旅游、中国特色小镇、精准扶贫和乡村振兴等战略；二是广西制定了"双核驱动，三区统筹"、广西特色旅游名县、特色小镇、广西北部湾经济区等政策带动了区内旅游业的发展；三是广西各级政府重视和发展旅游经济，推进了"旅游+"和景区提升质量的步伐。

从广西各地级市来看，截至 2020 年 12 月，各地级市 A 级旅游景区数量有所差异，桂林市 A 级旅游景区数量高于其他地级市，防城港市数量最少，如图 3-15 所示。

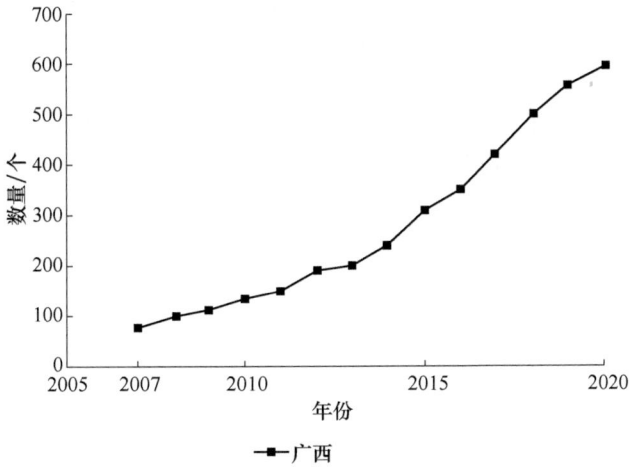

图 3-14 广西 2007—2020 年 A 级旅游景区数量

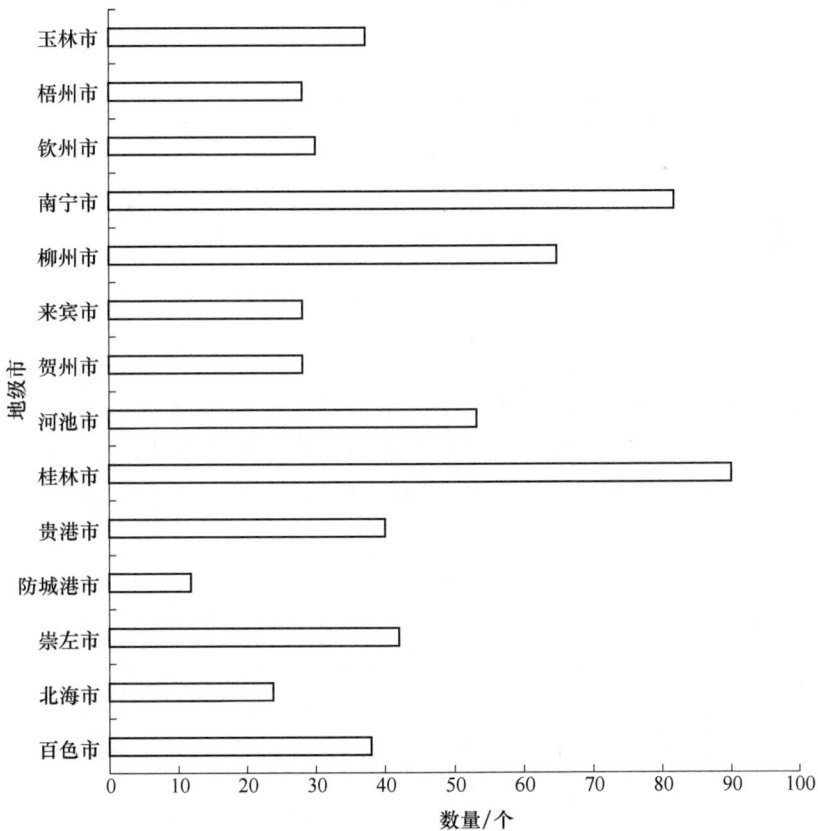

图 3-15 2020 年广西各地级市 A 级旅游景区数量

从地级市角度来看，广西 2007—2020 年 A 级旅游景区各市总量和增速各不相同，如图 3-16 所示。这也导致广西 A 级旅游景区在空间分布上出现了局部不均衡分布的现象。在广西 14 个地级市中，按 A 级旅游景区总量和增速可以划分为四个梯队。其中，桂林、南宁、柳州位于第一梯队；河池、崇左、贵港、百色、玉林处于第二梯队；钦州、来宾、梧州、贺州、北海属于第三梯队；防城港则单独归为最后一个梯队。

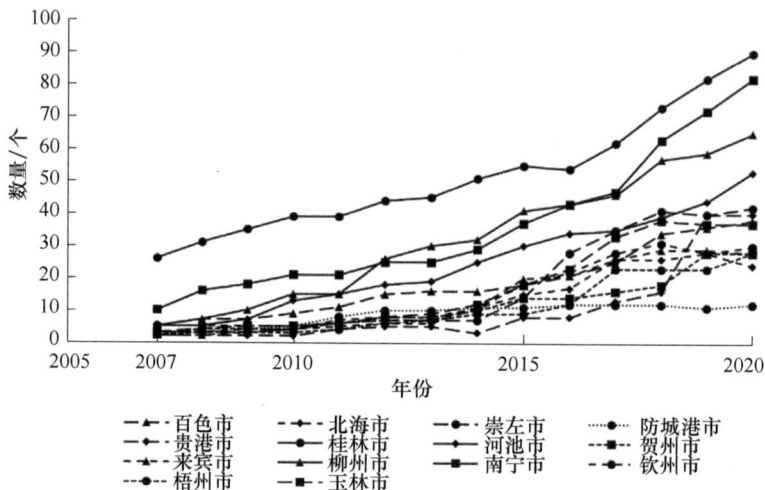

图 3-16 广西 2007—2020 年各地级市 A 级旅游景区数量

3.6.3 空间分布类型

使用 ArcMap 10.8 空间统计工具中的平均最近邻测算了广西 2007—2020 年 A 级旅游景区最邻近指数，R 值、Z 值和 P 值结果统计见表 3-11。

表 3-11 广西 2007—2020 年 A 级旅游景区最邻近点指数统计表

年份	R 值	Z 值	P 值	类型	年份	R 值	Z 值	P 值	类型
2007	0.52	−7.94	0.00	聚集	2014	0.59	−11.98	0.00	聚集
2008	0.64	−6.73	0.00	聚集	2015	0.56	−14.63	0.00	聚集
2009	0.67	−6.61	0.00	聚集	2016	0.56	−15.62	0.00	聚集
2010	0.66	−7.59	0.00	聚集	2017	0.60	−15.86	0.00	聚集
2011	0.67	−7.83	0.00	聚集	2018	0.58	−17.78	0.00	聚集
2012	0.60	−10.57	0.00	聚集	2019	0.60	−18.14	0.00	聚集
2013	0.61	−10.71	0.00	聚集	2020	0.61	−18.30	0.00	聚集

通过分析表 3-11 可知：2007—2020 年 P 值都显著，R 值变化幅度不大。总体上来说，广西 2007—2020 年 A 级旅游景区在发展过程中，A 级旅游景区之间的空间距离逐渐减小，空间分布类型表现为聚集分布模式。

3.6.4 空间分布方向及范围

运用 ArcMap 10.8 空间统计工具中的方向分布标准差椭圆统计出广西 A 级旅游景区的中心趋势、离散和方向趋势，广西 2007—2020 年 A 级旅游景区标准差椭圆短轴、长轴、旋转角等结果见表 3-12。

表 3-12 广西 2007—2020 年 A 级旅游景区标准差椭圆参数统计表

年份	短轴/m	长轴/m	旋转角/(°)	年份	短轴/m	长轴/m	旋转角/(°)
2007	140649.93	249174.86	38.40	2014	161528.18	233580.41	36.52
2008	141069.36	246510.87	39.47	2015	162043.15	232221.68	36.44
2009	145078.07	242571.57	38.26	2016	163379.63	232886.81	38.92
2010	153545.06	238241.92	39.64	2017	168256.54	231283.73	39.01
2011	161115.27	241254.11	38.77	2018	167198.42	230816.07	42.01
2012	160681.01	238633.32	39.79	2019	229150.27	163800.57	45.06
2013	159861.19	235500.03	40.02	2020	229797.64	160254.12	47.16

ArcMap 10.8 绘制的广西 2007—2020 年 A 级旅游景区标准差椭圆总体特征为：

（1）广西 A 级旅游景区中心位于来宾市兴宾区。

（2）广西 A 级旅游景区空间方向分布为"东北—西南"趋势。

（3）广西 A 级旅游景区的空间分布方向性在逐渐减弱。

3.6.5 空间分布均衡性

离散区域上旅游产业的空间分布差异是描述旅游产业空间分布均衡度的重要指标，通过统计行政区划上旅游点状要素的数量、线要素的长度等参数，运用基尼系数可以反映旅游产业在各区域的分布状况，进而对比描述各旅游产业在区划尺度下的空间分布均衡情况。因此，通过计算 A 级旅游景区的不均衡指数可以反映广西 A 级旅游景区不同年份空间分布的均衡性。

关于均衡情况的表示，可参照联合国开发计划署等组织的规定。基尼系数若低于 0.2 表示指数等级极低（高度平均）；基尼系数在 0.2~0.29 表示指数等级低（比较平均）；基尼系数在 0.3~0.39 表示指数等级中（相对合理）；基尼系数在 0.4~0.59 表示指数等级高（差距较大）；基尼系数在 0.6 以上表示指数等级极高（差距悬殊）。因此，结合不均衡指数计算方法，测算出广西 2007—2020 年 A 级旅游景区不均衡指数。参照联合国开发计划署等组织对基尼系数的区段划分，可将其均衡情况划分为差距悬殊、差距较大、相对合理和比较平均，结果见表 3-13。

表 3-13 广西 2007—2020 年 A 级旅游景区不均衡指数统计表

年份	不均衡指数	均衡情况	年份	不均衡指数	均衡情况
2007	0.481	差距较大	2014	0.392	相对合理
2008	0.487	差距较大	2015	0.337	相对合理
2009	0.492	差距较大	2016	0.310	相对合理
2010	0.503	差距较大	2017	0.261	比较平均
2011	0.416	差距较大	2018	0.290	比较平均
2012	0.407	差距较大	2019	0.269	比较平均
2013	0.412	差距较大	2020	0.291	比较平均

广西 A 级旅游景区在 14 个地级市的空间分布均衡情况由"差距悬殊"转向"比较平均"。从时间序列上看，2007—2013 年为"差距较大"；2014—2016 年为"相对合理"；2017—2020 为"比较平均"。从各地级市 A 级旅游景区年度数量来看，2007—2013 年期间，除了桂林市、南宁市、柳州市和河池市增速较快外，其余地级市增量较少，出现"四快十慢"的 A 级旅游景区发展格局，致使此期间内广西 A 级旅游景区空间分布均衡性出现了"差距较大"的情况。2014—2016 年除了防城港市 A 级旅游景区无明显增长外，其余 13 个地级市 A 级旅游景区均处于快速增长状态。除桂林市、南宁市、柳州市和防城港市外，其余 11 个地级市 A 级旅游景区数量差异逐渐缩小。这也解释了该时段内广西 A 级旅游景区空间分布均衡性出现了"相对合理"的情况。随着各地级市 A 级旅游景区不同程度的增长，使得广西 2017—2020 年 A 级旅游景区在 14 个地级市的均衡性转为"比较平均"。

3.6.6 空间密度

核密度分析工具用于计算要素在其周围邻域中的密度。ArcMap 中核密度分析（Kernel Density）工具既可计算点状要素的密度，也可计算线要素的密度。为了进一步掌握广西 A 级旅游景区空间密度演变特征，运用 ArcMap 10.8 核密度分析工具分析出广西 2007—2020 年 A 级旅游景区的核密度。

广西 2007—2020 年 A 级旅游景区空间分布密度总体特征为：经历了 20 年的

发展，广西 A 级旅游景区空间格局基本上构成了"三地两带一中心"的主要轮廓。

之所以能够形成这样的空间格局，与广西的政策规划有密切关联，具体如下。

在《广西壮族自治区旅游业发展"十二五"规划》中提出全面构筑"一个龙头，两条旅游发展带，三大国际旅游目的地，四大旅游集散地，五大旅游品牌，六条旅游精品线路，七大旅游区，九大特色旅游产品"的总体旅游发展框架。努力构建特色鲜明、重点突出、龙头带动、南北对接、东西呼应的区域旅游协调发展格局，全面构筑"一个旅游龙头、两条旅游发展带、三大国际旅游目的地、四大旅游集散地、七大旅游发展区"的区域旅游发展格局。其中，一个龙头指的是充分发挥桂林旅游的龙头带动作用；二条旅游发展带指的是重点建设桂林—柳州、来宾—南宁—北海、钦州、防城港南北旅游发展带和梧州、贺州—贵港、玉林—柳州、来宾—南宁—崇左、百色、河池西江（东西）旅游发展带；三大国际旅游目的地指的是打造大桂林、北部湾、红水河流域三大国际旅游目的地；四大旅游集散地指的是建设南宁、桂林、梧州、北海四大旅游集散地；五大旅游品牌指的是继续培育桂林山水、北部湾浪漫滨海、中越神秘边关、巴马长寿养生、刘三姐民族风情等五大旅游品牌；六条旅游精品线路指的是整合推出桂东北山水精华游、中越边关探秘游、北部湾休闲度假游、少数民族风情游、世界长寿之乡休闲养生游、桂东祈福感恩游六条旅游精品线路；七大旅游发展区指的是将桂林国家旅游综合改革试验区、南宁凤亭国际生态文化旅游区、左右江红色旅游区、河池生态养生旅游区、北海涠洲岛旅游区、中越国际旅游合作区和桂台（贺州）客家文化旅游合作示范区作为广西旅游发展重要基地，不断探索跨越式发展的新路子；九大旅游产品指的是开发提升游览观光、休闲度假、宗教历史文化体验、长寿养生、民族民俗风情、康体运动、红色旅游、会展商务、乡村旅游等九大特色旅游产品。

在《广西旅游业发展"十三五"规划》中提出大力发展全域旅游，构建"一个旅游龙头、两大国际旅游集散地、三大国际旅游目的地、四条旅游发展带、一批特色旅游名县和旅游产业集聚区"的发展框架。其中，一个旅游龙头指的是充分发挥桂林品牌优势，打造大旅游圈，增强桂林国际旅游胜地对广西旅游发展的龙头带动作用；两大国际旅游集散地指的是加快建设南宁、桂林两大国际旅游集散地，发挥全区各中心城市的旅游集散功能；三大国际旅游目的地指的是着力打造桂林国际旅游胜地、北部湾国际旅游度假区、巴马长寿养生国际旅游区三大国际旅游目的地；四条旅游发展带指的是重点建设"桂林—柳州—来宾—南宁—北海—钦州—防城港"南北旅游发展带。落实珠江—西江经济带国家发展战略，依托南广高铁、云桂高铁以及西江流域便捷的陆路交通体系和"一干七支"水路网络，重点建设"梧州—贺州—贵港—玉林—柳州—来宾—南宁—崇左—百色—河池"东西（西江）旅游发展带，打通"广州—梧州—贵港—南宁—百色—昆明"旅游大通道；一批特色旅游名县指的是分期分批创建一批广西特色旅游名县（名镇名村）。

在《广西"十四五"文化和旅游发展规划》中构建三大体系（现代文化产业和旅游业体系，文化和旅游高品质服务体系，现代文化和旅游市场体系）、打造六大品牌（"桂林山水""浪漫北部湾""壮美边关""长寿广西""壮族三月三""刘三姐文化"）、实施十大工程（文艺精品创作与文化名家培养工程，公共文化服务与文化惠民提升工程，环广西国家旅游风景道建设工程，数字文化与智慧旅游提升工程，世界级、国家级文化遗产申报工程，世界级、国家级旅游景区与度假区建设工程，高端度假酒店、山水主题酒店与精品民宿建设工程，国家级旅游休闲城市与国际乡村旅游目的地建设工程，新业态与新消费提升工程，大健康与文旅装备制造业发展工程）。深化文化和旅游融合发展，推动"三地两带一中心"升级版建设，打造环广西国家旅游风景道，推进文化产业和旅游业优化升级，形成全域协调、优势互补、联动发展的良好格局。即升级发展桂林国际旅游胜地，打造世界级旅游城市；加快建设北部湾国际滨海度假胜地；加快建设巴马国际长寿养生旅游胜地；升级打造中越边关风情旅游带；升级打造西江生态旅游带；着力打造南宁区域性国际旅游中心城市。

4 广西A级旅游景区影响因素及其分析

4.1 影响广西A级旅游景区发展的因素

4.1.1 政策规划

政策的支持为旅游业快速、稳定的发展提供了保障。2009年12月，《国务院关于加快旅游业发展的意见》首次提出，"把旅游业培育成国民经济的战略性支柱产业和人民群众更加满意的现代服务业"，实现了旅游产业定位的历史性突破。"十二五"期间，旅游业全面融入国家战略体系，走向国民经济建设的前沿，成为国民经济战略性支柱产业。"十三五"以来，旅游业与其他产业跨界融合、协同发展，产业规模持续扩大，新业态不断涌现，旅游业对经济平稳健康发展的综合带动作用更加凸显。近年来，国家层面出台了多个支持旅游业发展的政策，与此同时，各地也通过制定相关政策和多方联动，为旅游业发展营造了良好的政策环境。2021年12月，国务院印发的"十四五"旅游业发展规划中指出"强化政策支撑。落实用地、财政、区域、税收、金融、投资、人才等支持政策。各相关部门根据职责分工支持旅游业发展，形成发展合力"。"各地区要结合本地区实际制定旅游业发展规划或具体实施方案，明确工作分工，落实工作责任"。

广西在加快推进文化和旅游高质量发展，建成文化旅游强区方面作出了多个决策部署，也出台了一系列政策文件。其中，部分政策文件提出了支持广西A级旅游景区的发展，见表4-1。新冠疫情期间，广西除了加大对旅游业投资建设、减税、缓缴税费、金融支持外，还对经营困难或领先的文化旅游企业进行财政补助。

表 4-1 关于支持广西 A 级旅游景区发展的政策汇总表

时间	颁布单位/资料来源	政策名称	相关内容
2001 年 2 月	广西壮族自治区人民政府	广西壮族自治区国民经济和社会发展第十个五年计划纲要	充分发挥我区旅游资源优势，大力发展特色旅游业。按照"四区一带一龙头"的总体布局，以桂林为龙头，以桂林—柳州—南宁—北海—防城港黄金旅游带为重点，基本建成桂北、桂南、桂东、桂西四大旅游区
2006 年 8 月	广西壮族自治区人民政府	广西壮族自治区"十一五"规划纲要	以全面启动和实施建设旅游强省战略为突破口，做大做强旅游业。加快景区景点和旅游基础设施建设，打造旅游服务品牌，提升旅游产业素质
2007 年 6 月	国家旅游局	中国旅游业发展"十一五"规划纲要·地方篇	全面推进 A 级景区的评定工作，通过 A 级评定促进景区各项设施的完善、景区环境的优化和景区管理服务水平的提高，促进景区服务管理的标准化、规范化和人性化
2011 年 5 月	广西壮族自治区人民政府	广西壮族自治区国民经济和社会发展第十二个五年规划纲要	积极创建国家 3A 级及以上旅游景区，开发一批新兴精品旅游线路，发展乡村游、自助游、跨国游等新兴旅游方式
2011 年 10 月	广西壮族自治区发展和改革委员会、广西壮族自治区旅游局	广西壮族自治区旅游业发展"十二五"规划	以景区业主为主导，积极整合各级政府以及旅游、建设、文化、交通、国土、林业、环保、卫生、宣传等各方面的力量，严格按照标准，扎实推进 A 级景区创建工作，促进景区各项设施的完善、游览环境的优化和服务质量的提高，促进景区的标准化、规范化和人性化发展
2013 年 6 月	中共广西壮族自治区委员会、广西壮族自治区人民政府	加快旅游业跨越发展的决定	开发特色精品。以创建 5A 级景区为抓手，力促景区景点提档升级，打造一批有区域影响力的景区景点

时间	颁布单位/资料来源	政策名称	相关内容
2013年6月	广西壮族自治区人民政府	加快旅游业跨越发展的若干政策	对新创建国家5A级和4A级旅游景区实行奖励政策：对列入自治区创建国家5A级景区计划、成立创建机构、制定创建方案并编制完成总体规划的单位补助100万元；对通过自治区国家A级景区评定委员会初评创建5A级景区单位增加补助100万元；对通过国家A级景区评定委员会评定的5A级景区增加补助1000万元、4A级景区补助100万元
2015年9月	广西壮族自治区人民政府	促进旅游与相关产业融合发展的意见	加快旅游业与第一产业的融合。新增3个国家级生态旅游示范区、打造5个与旅游产业相关的国家4A级森林旅游景区、4A级水利旅游景区、10个自治区级生态旅游示范区、60个自治区级休闲农业与乡村旅游示范点、100个星级乡村旅游区、200家星级农家乐、30家森林人家，带动乡村旅游全面发展；实现新增乡村旅游从业者人数达30万人以上，农民旅游从业者年人均收入达到上万元
2016年3月	广西壮族自治区人民政府	广西壮族自治区国民经济和社会发展第十三个五年规划纲要	大力发展特色旅游业，建设桂林国际旅游胜地、北部湾国际旅游度假区、巴马长寿养生国际旅游区三大国际旅游目的地，打造南北、西江、边关风情三条旅游发展带，建设南宁、桂林、北海、梧州四个旅游集散地，培育高铁旅游带、环北部湾旅游圈、海上丝绸之路旅游带、桂湘黔粤旅游圈
2016年12月	广西壮族自治区人民政府	广西旅游业发展"十三五"规划	以4A级和5A级景区创建为抓手，推进现有A级景区提档升级，力争"十三五"期间4A级以上景区数量翻一番以上

时间	颁布单位/资料来源	政策名称	相关内容
2017 年 7 月	广西壮族自治区人民政府	加快县域特色旅游发展的实施意见	以国家 4A 级景区创建为抓手，推进全区各县（市、区）旅游景区提档升级，鼓励创建国家 5A 级旅游景区，不断丰富旅游景区配套要素，培育旅游新业态。按照国家 4A 级旅游景区标准引导风景名胜区、森林公园、湿地公园、地质公园、水利风景区等其他景区完善旅游设施和提升旅游服务
2021 年 4 月	广西壮族自治区人民政府	广西壮族自治区国民经济和社会发展第十四个五年规划和 2035 年远景目标纲要	建设富有文化底蕴的国家级、世界级旅游区和度假区，推动现有 A 级旅游景区和国家级、自治区级旅游度假区、生态旅游示范区品质提升
2022 年 1 月	广西壮族自治区人民政府	广西"十四五"文化和旅游发展规划	加强旅游景区、度假区顶层设计和建设指导，健全优胜劣汰的动态监管机制，推进创建国家 5A 级旅游景区和国家级旅游度假区

资料来源：广西壮族自治区人民政府、广西壮族自治区文化和旅游厅等官方网站，中国旅游出版社、广西日报.

4.1.2　旅游资源禀赋

旅游资源是旅游业发展的前提和基础，是旅游业发展的重要依托性因素。旅游资源禀赋的空间差异制约着旅游景区的形态和结构，并直接影响着旅游景区的开发和建设。若区域的旅游资源分布较为集中，则该区域旅游景区的空间结构会更加聚集，反之，旅游景区的空间结构会更加离散。因此，区域旅游资源的空间分布差异对 A 级旅游景区的开发、建设以及空间结构的形成都有着重要影响。

广西旅游资源丰富且独特，种类较多，分布广泛，等级和品质较高，特色突出，资源互补性和组合性好，科学价值与历史文化价值高，是同时具备生态、文化、民族、临海、沿边五大优势的省份。广西旅游资源主要有以桂林山水为代表的山清水秀、洞奇石美的自然风光；有以壮、瑶、苗、侗为代表的浓郁民族风情；有以灵渠和花山壁画为代表的悠久历史文化和以邓小平同志领导的百色起义系列遗址为代表的红色旅游福地；有以北海银滩为代表的与世界上著名滨海度假地相媲美的海洋旅游资源；有以巴马"世界长寿之乡"为代表的长寿养生生态旅游资源；有以中国九大名关之一的凭祥友谊关为代表的中越边关览胜；有以规模宏大的中国（广西）—东盟博览会为代表的商务会展旅游；有中国最美十大瀑布之一的德天大瀑布；有中国十大最美海岛之一的涠洲岛等。截至 2021 年 12 月，广西共有 AA 及以上旅游景区 661 个，其中 AAAAA 级 8 个，AAAA 级 307 个，AAA 级 335 个，AA 级 11 个①。

"十四五"期间，广西将紧紧围绕"凝心聚力建设新时代中国特色社会主义壮美广西"总目标和"四个新"总要求，坚持以人民为中心，以文塑旅、以旅彰文，以推动文化和旅游高质量发展为主题，全力打造"桂林山水""浪漫北部湾""壮美边关""长寿广西""壮族三月三"和"刘三姐文化"六大品牌。即打造自然山水观光、山水文化体验、山水休闲度假、自然生态康养等复合型山水旅游产品，海滨海岛观光、滨海休闲度假、历史文化体验和跨国邮轮航线等特色旅游产品，中越边关探秘、历史文化研学、边关风情体验、边境商贸购物、跨国自驾旅游等特色旅游产品，长寿村寨游览、长寿文化体验、森林康体养生、温泉度假疗养、壮瑶医药养生、体育休闲健身等健康旅游产品，民族村寨游览、民族风情体验、民族文化演艺、民族节庆节事、民族美食购物等民族文化特色旅游产品，推出系列文学艺术、歌舞戏剧、影视动漫、数字文化、文化创意等具有国际影响力的文化艺术精品。

4.1.3　自然环境

自然环境是旅游景区发展的基础。自然环境受到破坏，旅游景区的资源也会受到一定程度的影响，从而影响区域旅游的发展。同时，自然环境能够为旅游者提供所需要的旅游环境，从而促进旅游的发展。因此，自然环境是影响旅游发展的重要因素。

自然环境对景区的影响，主要体现在海拔、河流水系和平均气温三个方面。海拔一定程度上反映着景区的类型。例如古城古村类、休闲娱乐类、文化历史类等人文旅游景区在平原地区或海拔较低的地区分布较多，而名山类的自然景区则分布在海拔较高的地区。地势平坦、海拔较低的地区适合进行生产生活活动，形成的旅游资源也较为丰富，因此海拔一定程度上决定着景区的类型及分布状况。河流沿岸地区多是人类主要活动场所、文明的发源地，影响着文化、文明类旅游资源的形成，同时河流水系自身作为一项自然类旅游资源，也可作为 A 级旅游景区进行开发。地区的平均气温影响着人类文明的发展，适宜的气温环境，有利于

---

① 资料来源：广西壮族自治区文化和旅游厅.

生产生活，能促进地区的文化发展，从而形成许多文化旅游资源，适宜的气温也会促进一系列自然景观的形成，影响景区的形成发展①。

广西地处中国地势第二台阶中的云贵高原东南边缘，两广丘陵西部。总的地势是西北高、东南低，呈西北向东南倾斜状。山岭连绵、山体庞大、岭谷相间，四周多被山地、高原环绕，中部和南部多丘陵平地，呈盆地状，有"广西盆地"之称。广西 A 级旅游景区海拔分布见表 4-2。按海拔低于 1000 米为低海拔区域，2020 年中，广西 A 级旅游景区 98.83% 处于低海拔区域，仅有 1.17% 处于中海拔区域。

表 4-2 广西 2007—2020 年 A 级旅游景区海拔分布数量统计表

（单位：个）

年份	50m 以下	50~100m	101~200m	201~500m	501~800m	801~1000m	1001~1200m	1201~1500m
2007	8	15	29	18	3	1	0	1
2008	10	19	38	22	5	1	0	1
2009	11	21	41	29	6	1	0	1
2010	12	23	51	35	8	2	0	2
2011	18	26	56	40	8	3	0	2
2012	23	37	68	45	14	3	1	2
2013	23	40	72	47	14	3	1	2
2014	27	47	89	52	16	3	2	2
2015	37	58	108	71	23	4	5	2
2016	45	62	128	80	24	6	5	2
2017	61	79	151	92	28	8	5	3
2018	64	101	169	114	35	8	6	3
2019	73	111	195	127	36	9	3	3
2020	73	123	215	129	41	9	3	4

广西主要分布有山地、丘陵、台地、平原等类型地貌；受太平洋板块和印度洋板块挤压，山脉多呈弧形；大陆海岸线西始于广西与越南交界的东兴市竹山街竹山港，东止于广西与广东交界的英罗港，全长 1628.6 千米。

广西地处低纬度，北回归线横贯中部，南临热带海洋，北接南岭山地，西延云贵高原，属亚热带季风气候区。气候温暖，雨水丰沛，光照充足。夏季日照时间长、气温高、降水多，冬季日照时间短、天气干暖。广西 2007—2020 年主要

① 刘敏，郝炜．山西省国家 A 级旅游景区空间分布影响因素研究［J］．地理学报，2020，75（4）：878-888.

城市气象站点平均气温统计见表 4-3。

表 4-3　广西 2007—2020 年主要城市气象站点平均气温统计表　（单位：℃）

城市	2007年	2008年	2009年	2010年	2011年	2012年	2013年	2014年	2015年	2016年	2017年	2018年	2019年	2020年
南宁市	21.7	20.9	22.2	21.8	20.7	21.4	21.6	21.6	22.2	22.3	21.9	21.8	22.1	22.1
柳州市	21.6	20.8	22.0	21.2	20.8	20.6	21.4	21.5	21.5	21.9	21.8	19.9	19.9	19.9
桂林市	20.1	19.3	20.0	19.6	19.3	18.9	20.1	19.9	19.9	20.3	20.3	20.3	20.3	20.2
梧州市	21.9	21.0	21.9	21.4	20.9	21.1	21.3	21.4	21.9	21.8	21.7	21.7	21.9	22.4
北海市	23.1	22.2	23.2	23.3	22.1	22.9	23.1	23.3	24.1	23.7	23.5	23.8	24.5	24.1
防城港市	23.1	22.2	23.2	23.3	22.1	22.7	22.9	22.8	23.6	23.4	23.2	23.2	23.7	23.1
钦州市	23.4	22.4	23.5	23.3	22.1	22.7	23.1	23.0	22.7	22.8	22.3	22.5	22.9	22.9
贵港市	22.3	21.4	22.6	22.0	21.4	21.6	21.9	22.2	22.8	22.8	22.6	22.2	22.4	22.6
玉林市	23.1	22.1	23.1	22.8	22.2	22.3	22.2	22.2	22.7	22.7	22.4	22.7	22.9	22.9
百色市	22.4	21.4	22.7	22.8	21.5	22.0	22.4	22.3	22.7	22.5	22.4	22.5	22.8	22.8
贺州市	21.3	20.4	21.2	20.6	20.3	19.3	20.3	20.4	20.9	20.5	20.3	20.3	20.2	20.8
河池市	20.9	20.1	21.2	20.6	20.1	19.9	20.5	20.4	21.1	21.2	20.8	20.9	20.9	20.8
来宾市	21.6	20.8	21.9	21.4	20.9	21.1	21.7	21.8	22.1	21.4	21.3	21.1	21.3	21.5
崇左市	23.2	22.4	23.9	23.5	22.1	22.9	23.0	23.1	24.0	22.6	22.2	22.1	22.5	22.8

广西河流众多，河流以雨水补给类型为主，集雨面积在 50 平方千米以上的河流有 1350 条，重要河流有西江、郁江、柳江、桂江。受降雨时空分布不均的影响，径流深与径流量在地域分布上呈自桂东南向桂西北逐渐减少。

4.1.4　区域经济

据国家统计局初步核算，2022 年全国国内生产总值 1210207 亿元，按不变价格计算，比 2021 年增长 3.0%。其中，第一产业增加值 88345 亿元；第二产业增加值 483164 亿元；第三产业增加值 638698 亿元[①]。旅游业方面，文化和旅游部采用国内旅游抽样调查统计方法，核算出 2022 年国内旅游总人次 25.30 亿。其中，城镇居民国内旅游人次 19.28 亿；农村居民国内旅游人次 6.01 亿。一季度国内旅游人次 8.30 亿；二季度国内旅游人次 6.25 亿；三季度国内旅游人次 6.39 亿；四季度国内旅游人次 4.36 亿。国内旅游总消费 2.04 万亿元。其中，城镇居

---

① 资料来源：国家统计局．

民出游消费 1.69 万亿元, 农村居民出游消费 0.36 万亿元①。

据广西统计局公布的数据显示, 2022 年广西生产总值 26300.87 亿元, 按不变价格计算, 比上年增长 2.9%。其中, 第一产业增加值 4269.81 亿元; 第二产业增加值 8938.57 亿元; 第三产业增加值 13092.49 亿元。从广西 14 个设区市来看, 南宁市 2022 年 GDP 为 5218.34 亿元, 稳居广西第一, 柳州市、桂林市分别以 3109.09 亿元、2435.75 亿元位列第二、第三名, 见表 4-4。据广西旅游抽样调查统计测算, 2022 年全区累计接待国内游客 5.89 亿人次, 实现国内旅游收入 6418.33 亿元②。

表 4-4　广西 14 个设区市 2022 年 GDP 数据

序号	设区市	GDP/亿元	同比增速/%
1	南宁市	5218.34	1.4
2	柳州市	3109.09	-1.0
3	桂林市	2435.75	2.5
4	玉林市	2167.46	2.5
5	钦州市	1917.00	8.2
6	百色市	1729.10	4.2
7	北海市	1674.21	3.5
8	贵港市	1572.10	3.2
9	梧州市	1419.67	4.0
10	河池市	1135.54	3.9
11	崇左市	1081.00	6.1
12	贺州市	972.16	3.4
13	防城港市	968.08	5.1
14	来宾市	901.23	3.6

区域经济的发展是旅游活动依存的重要基础, 也为旅游产业的活力提供了强大的动力。随着区域经济的发展和质量的提升, 该区域旅游产业的结构、表现方式等也会发生变化。区域经济对旅游产业发展的影响表现在: 区域经济的发展能够促进旅游产业增长方式的转变, 区域经济结构的优化能够推动旅游产业结构的转型与升级, 区域经济发展质量的提升有利于旅游产品功能的优化, 区域经济发展能够促进对旅游认知的改变③。

---

① 资料来源: 中华人民共和国文化和旅游部.
② 资料来源: 广西日报、广西壮族自治区统计局.
③ 张广海, 师亚哲. 试析我国区域经济对旅游产业的促进作用 [J]. 青岛科技大学学报 (社会科学版), 2017, 33 (2): 31-35.

县域经济是统筹城乡经济社会发展的基本单元，是国民经济的重要基础。近年来，广西将旅游作为县域经济发展的支柱性产业之一，持续推进特色旅游名县创建工作，全区共创建了 32 个特色旅游名县，并逐渐形成了业态规模，开启了特色旅游发展之路。在深挖特色旅游资源的基础上，广西各县通过推动一批文化旅游重大项目，提升旅游基础建设，极大地丰富了特色旅游元素，使游客的出游品质感得到极大提升，进一步增强了县域经济发展的活力和动力。在特色旅游建设过程中，各县深入树立全域旅游一盘棋的理念，将旅游与农业、文化、体育等产业资源有机结合，大力推动"旅游+"发展，以特色塑全域、以全域彰特色。此外，广西除了加强与周边省份旅游合作外，还将利用地理与区位优势加强与东盟国家的国际旅游合作，延伸和丰富跨海国际旅游线路，不断提高国际旅游市场对区域旅游经济的贡献率，协调和平衡区域旅游发展的影响因素，促进旅游产业结构逐步优化。

4.1.5　交通条件

现代旅游业的产生发展与现代交通业的发展是紧密相连的，旅游交通便利程度，不仅是开发旅游资源和建设旅游地的必要条件，还是衡量旅游业发达程度的重要标志。交通运输业与旅游业相辅相成，相互促进。交通运输业与旅游业深度融合发展，将会利于区域社会经济的发展。近年来，我国交通运输与旅游业发展都取得了巨大成就，交通基础设施通达性、便捷性迅速提高。同时，各地围绕拓展公路等交通设施旅游服务功能开展了很多有益的探索，如被外媒评为"世界最美公路"的广西合浦到那坡路段的"合那"高速路。

中国旅游研究院发布的《2021 上半年自驾旅游市场趋势报告》指出，2021年上半年，自驾旅游市场在近程出游引领下实现全面恢复。自 2017—2019 年，自驾旅游出行人次以年均增速 30.2% 的速度飞速增长。受新冠疫情冲击，2020年自驾旅游市场规模缩小至 2017 年同期水平，出行人次同比下降 37.3%。进入2021 年，近程市场，周边游的快速回暖带动省内自驾和本地自驾出行人次的激增。出游类型以周边游、都市游为主。2021 年 1—5 月，"近距离、短耗时"的出行受到自驾游客的青睐。出行距离在 10~50 千米占全部出行人次 71.3%，出行时间在 12 小时以内占全部出行人次 42.1%。全国来看，选择参与周边游、都市游的自驾游客分别达到 69.5% 和 62.7%。跨省人次仅占 12%，跨市人次仅占31%。本地人游本地、周边人游周边、都市人游都市是典型的自驾行为，构成区域内小循环。中远程自驾游参与度不足，市场仍处于缓慢恢复期。因此，对于自驾游而言，旅游交通的可进入性、便捷性显得尤为重要。如自驾服务配套情况如何、道路交通疏导和紧急救援措施是否到位、公共卫生和安全警示是否有保障等，都会对游客在这条自驾游线路的行程体验产生影响。

近年来，广西大力推进交通运输与旅游融合发展，连接景区的交通基础设施不断完善，"运""游"一体化服务体系基本建立，"交通+旅游"模式不断创新。积极探索"交通运输+旅游"新模式，推进联程运输与旅游融合发展，加快建设高铁无轨站、城市候机楼运营网络，在部分无高铁线路和民航机场的城市，建设具有购票、取票、候车、物流等功能的旅客联程运输服务站点，通过开通专线客车与就近的高铁车站、民航机场无缝接驳，实现公路与铁路、民航的零距离换乘，游客出行更加方便快捷。跨境旅游交通方面，广西在 2016 年开通的中越第一条跨境自驾游线路中国东兴—越南芒街线路基础上，拓展了经东兴—芒街口岸的中国桂林—越南下龙跨境自驾游线路，开通了经友谊关—友谊口岸的中国广西—越南谅山跨境自驾游线路。

4.1.6   文化

2021 年 4 月，文化和旅游部关于印发《"十四五"文化和旅游发展规划》的通知中提出，推进文化和旅游融合发展、推进文化和旅游融合发展和优化文化和旅游发展布局。同年 12 月，国务院关于印发的《"十四五"旅游业发展规划》提出，坚持以文塑旅、以旅彰文。以社会主义核心价值观为引领，让旅游成为人们感悟中华文化、增强文化自信的过程，推动旅游业实现社会效益和经济效益有机统一。

当前，我国文化和旅游融合的质量、深度还有待提高。已有的文旅融合项目主要体现在文化和旅游资源的共用共享，如将文化遗产、非物质文化遗产、少数民族文化等用于旅游开发，对文化内容挖掘不够，缺少文旅融合的灵魂。

对于 A 级旅游景区文旅融合而言，可以从四个方面入手：一是加强顶层设计，高层管理者应具有国际视野和一流的管理、规划经验；二是重视产品规划和服务理念，以国际视野规划和设计产品，并具有一流的服务理念和营销方式；三是文化元素始终融入景区规划、开发、建设和管理的过程中，在旅游产品和服务上充分体现出当地的文化特色；四是借鉴国际经验，开发高品质的文旅融合产品，扩大国际知名度和影响力。除此之外，A 级旅游景区还应与周边世界自然遗产、世界文化遗产、非物质文化遗产等旅游资源进行资源整合，形成区域优质文化和旅游资源的整合和联动，提升区域文旅融合产品的质量和深度。

广西拥有丰富的少数民族文化、历史文物、非物质文化遗产、红色文化等资源。近年来，广西重视文旅融合发展，出台了多个支持文旅融合发展的文件，如《广西"文旅+"产业融合培育新业态拓展新消费三年行动计划（2022—2024年)》。通过一系列政策规划、资金等的支持，广西文旅融合成效显著。如重点打造的精品剧目彩调剧《新刘三姐》以艺术的形式描绘八桂大地乡村振兴的美丽画卷,展现壮乡人民追梦圆梦的奋斗英姿,已在全国多个城市进行了巡回演出。"十四五"期间,广西将创新文化旅游融合方式,大力推动文化旅游与健康、工业、农业、林业、体育、教育等相关产业融合发展。如结合广西地域文化特色,将文化内容、文化符号、文化故事融入旅游景区和旅游度假区,把广西少数民族文化、民俗文化、历史文化、非遗文化、革命文化等纳入旅游线路设计、展陈展示和讲解体验。将博物馆、美术馆、图书馆、剧院、纪念馆、文化馆、科技馆、非物质文化遗产展示场所等公共文化设施纳入旅游线路。全力推动旅游演艺、文化遗产旅游、文化主题酒店、特色节庆展会、主题公园等业态升级。加强文化旅游与健康养老、健康医疗、健康食品、健康运动、健康管理等产业融合发展,打造"长寿广西"品牌。以环广西公路自行车世界巡回赛、中国国际帆船巡回赛、中国—东盟国际马拉松赛、南宁国际马拉松赛、中国—东盟体育旅游活力月等为重点,承办大型体育赛事和开展民族体育竞赛项目。依托长征国家文化公园(广西段)、左右江革命老区等红色文化富集区,开展以爱国主义教育、红色文化体验、红色培训教育为主题的研学旅行。

4.1.7 其他

除了政策规划、旅游资源禀赋、自然环境、区域经济、交通条件、文化等方面外,还有其他一些因素也会影响到 A 级旅游景区的发展,如技术因素。景区的建设技术、管理技术、服务技术等都将会影响到 A 级旅游景区发展的水平和服务水平等。

4.2 影响广西 A 级旅游景区发展的因素分析

4.2.1 资源本底因素

资源本底因素一般用人文旅游资源和自然旅游资源等指标进行表征。

人文要素中的历史文化资源,反映着不同时期地域的生活、生产及文化特征,如历史文化古迹、古建筑、民族风情、饮食、购物、文化艺术和体育娱乐等。在当前文旅融合背景下,文化旅游发展迎来新机遇。"十四五"时期我国将进入新发展阶段,全国文旅行业发展呈现"文旅融合、高品质生活、高质量发展"的"一融两高"新态势,文旅市场需求和供给两侧都发生重大变化,文旅产业进入了品质发展新时代。

依托地形地貌与湖泊河流组合形成的自然景观可成为天然的高品质旅游资源，如高山、峡谷、森林、江河、湖泊、海滩、温泉、野生动植物、气候等。

因此，旅游资源是A级旅游景区开发必不可少的要素，资源品质与景区吸引力密切相关。

4.2.2 自然环境因素

自然环境通常选用海拔、地形地貌和河流水系等指标进行表征。

海拔高度在一定程度上决定着旅游景区的类型和分布范围。

地形地貌是旅游景区的骨架，不同的地貌类型，可孕育出不同的景观类型，与周围其他要素的结合，可提升为更高层次和观赏性的景观。地形起伏度是描述一个区域地形特征的宏观性指标，是特定区域内最高点海拔与最低点海拔的差值，对景区的空间分布格局有较大的影响，体现在地形起伏度较小的区域有利于对交通网络、"三生空间"较好的规划，即生活空间、生产空间、生态空间。此外，也能反映出不同的地形地貌对旅游资源开发的适宜性和局地性。

河流是文明的发源地，河流沿岸也是人类活动较为集中的地区，因此河流水系影响着文化、文明类旅游资源的分布，同时河流水系本身就是一种吸引力较强的自然类旅游资源，是A级旅游景区开发的基础。不同形态的水资源（含湖泊）可构成不同类型的水体景观，如泉、瀑布、河流、湖泊、海洋等，通过其声音、形状、倒影、颜色、味道等美学功能吸引游客。因此，与河流水系距离的远近对旅游景区的空间分布有较强的影响。

4.2.3 经济产业因素

经济产业一般选用GDP、三产比重、旅游人次和旅游消费等指标进行表征。

生产总值代表着地区的整体经济状况，经济状况良好的地区，产业结构优化程度高，基础设施发达，接待游客的服务水平良好，从而促进旅游产业的发展，进而影响A级旅游景区的形成与分布。

三产占比反映当地的产业结构以及当地的主导产业。旅游业作为第三产业的重要组成部分，三产占比的变化很大程度上反映了地区的旅游业整体发展状况。

旅游市场需求的变化对旅游业供给有着重要影响，旅游市场需求的快速增长，为旅游景区的培育创造了良好的市场条件与发展基础，旅游景区的高速优质发展，同样也会刺激旅游需求市场，因此，旅游人次和旅游消费能在一定程度上反映旅游地的旅游实际需求、客源市场潜力、旅游交通状况和社会经济发展水平，进而影响A级旅游景区的形成与分布。

4.2.4 社会环境因素

社会环境通常选用常住人口、通车里程等指标进行表征。

人作为旅游活动的主体，随着人均收入的增高，居民的旅游需求也在不断提高，而且景区的运营与发展也需要人口的支持，因此，地区的常住人口数量决定着当地旅游市场的客源规模以及相关旅游从业人员规模，从而影响A级旅游景区的形成及分布。

交通作为旅游六要素之一，连接着客源地与目的地，交通状况较好的地区，更容易促进景区的形成与发展，因此，交通状况的好坏不但制约着旅游景区的通达性，而且影响着旅游景区的发展与分布。

综上所述，政策规划、资源本底、自然环境、经济产业和社会环境等因素影响了广西A级旅游景区的空间分布格局。

5 A级旅游景区创建和发展的实践与经验

5.1 A级旅游景区发展概况

5.1.1 发展概况

近年来，A级旅游景区数量显著增长，品质有序提升，供给结构不断优化，接待人次规模正在稳步提升。截至 2021 年 12 月，全国共有 A 级旅游景区 14196 个，接待游客达 35.4 亿人次，营业收入 2228.10 亿元，门票收入 380.97 亿元[①]。目前，全国 AAAAA 级旅游景区数量已达 318 个，各省（自治区、直辖市）分布情况如图 5-1 所示。

AAAAA 级为我国旅游景区最高等级，代表着中国世界级精品的旅游风景区等级。文化和旅游部开展 AAAAA 创建工作，是为了促使各地方政府加大投资力度改善硬件设施，强化管理以提升软件水平，并在全国现有 AAAA 级旅游景区中筛选出一批质量过硬、满足境内外游客需求、在国际上有竞争力的景点使其在国内成为真正标杆的旅游精品"绝品"景区。

国家文化和旅游部将 AAAAA 级旅游景区，建立资料库，编制成科学的旅游线路、宣传手册、视频资源等。通过文化和旅游部及其驻外机构等平台，在境内外宣传促销，广泛推介，组织我国 AAAAA 级旅游景区精品巡回展等。

旅游景区获得 A 级旅游景区认证：一方面可以显著提升旅游景区的知名度和美誉度，使其在区域乃至全国范围内的影响力得到一定程度的提升，同时也可以凭借 A 级旅游景区的影响力快速形成品牌效应，提升旅游景区的竞争力；另一方面，旅游景区的品牌优势也可以有效地促进旅游区域发展，促进地区一、二、三产业结构优化升级，强化旅游业的带动作用，从而推动区域经济大发展。

5.1.2 发展特征

近三年虽然受到新冠疫情影响，但 2021 年旅游业仍在稳步复苏，文化和旅

---

① 资料来源：中华人民共和国文化和旅游部．

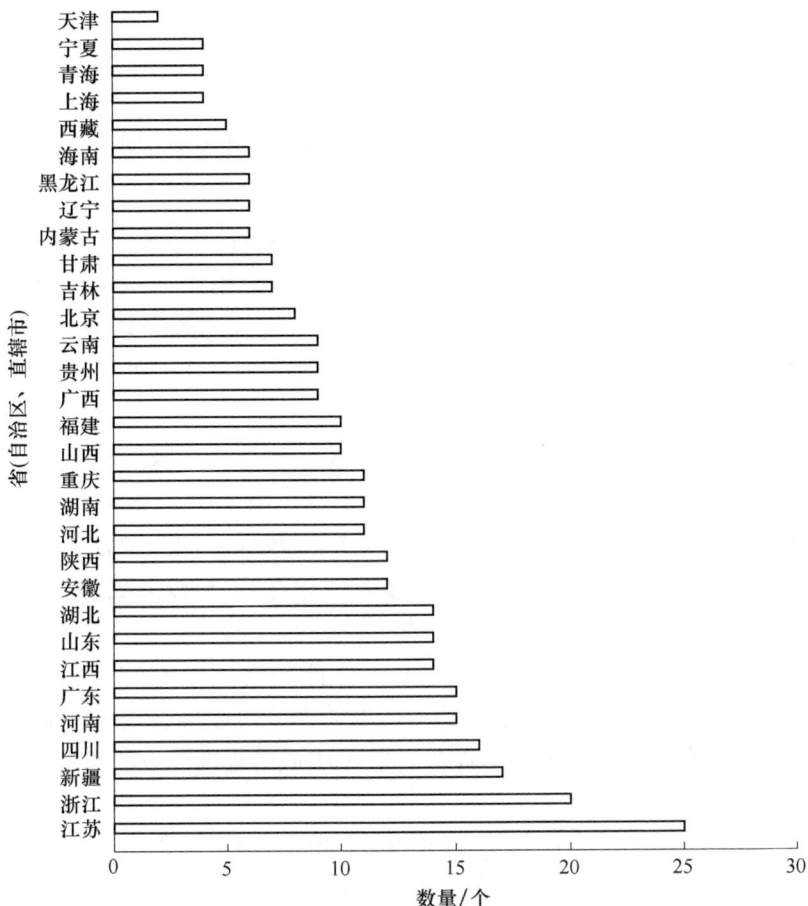

图5-1 各省（自治区、直辖市）AAAAA级旅游景区数量统计图

游融合进一步深化，文旅新产品、新业态、新形式也不断涌现，这也为推动文化旅游产业发展提供了更多机遇。总的来说，A级旅游景区发展呈现出如下特征①：

一是旅游景区数量增速放缓。低等级A级旅游景区数量锐减。七大区域中，除华东地区以外，其他地区A级旅游景区数量增速均减缓。从类型上看，自然生态类A级旅游景区占据主导，其次是历史文化类。按照企业性质来看，内资民有企业性质A级旅游景区数量占比最高，事业单位性质A级旅游景区数量减少、占比下降。

二是旅游景区游客接待量增速持续收窄。各等级旅游景区游客接待量增速均下降。华东和东北地区A级旅游景区游客接待量保持小幅上升。历史文化类旅游景区游客接待量最大，其次是自然生态类。事业单位性质A级旅游景区接待能力

—————————————

① 资料来源：中国旅游新闻网.

最强，其次是内资国营性质A级旅游景区。

三是旅游景区收入增速略有下降。除AAA级旅游景区外，其他等级旅游景区收入增速均下降。除华东和东北地区以外，其他地区A级旅游景区旅游收入增速均下降。自然生态类A级旅游景区收入占比最大，其次是历史文化类。内资国有企业性质A级旅游景区收入最高，其次是事业单位性质。

四是旅游景区门票价格四连降。AAAAA级旅游景区平均门票价格降幅最大。地区间A级旅游景区平均门票价格差距缩小。现代游乐类A级旅游景区平均门票价格最高，其次为自然生态类、产业融合类、历史文化类和其他类。行政单位性质A级旅游景区平均门票价格最低，其次为其他非企业和事业单位性质A级旅游景区。

五是旅游景区就业量小幅增长。高等级A级旅游景区吸纳直接就业能力最强，AAAA级旅游景区直接就业量最大，AAAAA级旅游景区平均直接就业量最大。南方地区A级旅游景区吸纳直接就业能力较强。产业融合类和现代游乐类A级旅游景区劳动密集程度较高。内资企业性质A级旅游景区直接就业量大。

六是旅游景区建设投资保持高速增长。中低等级A级旅游景区投资增速放缓。华东地区A级旅游景区投资力度进一步加大。产业融合类和现代游乐类A级旅游景区建设投资额度较大。内资企业是A级旅游景区建设的投资主体。

5.2　A级旅游景区创建的实践与经验

5.2.1　核心条件

5.2.1.1　做好四大硬件质量建设

四大硬件即游客中心、旅游标识系统、生态停车场和星级厕所。四大硬件建设是创建A级旅游景区中必不可少的内容，对于旅游景区来说是重中之重。同时，这四大硬件也是旅游景区建设的门户工程，会给游客留下直接的第一印象。因此，不仅是作为旅游景区建设的门户工程，展现旅游景区"档次"和形象，还是评定旅游景区等级质量时的不可或缺的内容，同时也是评委评分时最为注重的部分。

因此，在创建A级旅游景区时，要将这四大硬件置于突出的位置，严格按照《旅游景区质量等级的划分与评定》等标准检查这四大硬件，以确保旅游景区的建设质量。

5.2.1.2 运用好四大软件

四大软件即景区创A小组、景区台账管理、景区宣传营销、游客满意度管理。它们是旅游景区正常运转和可持续发展的关键，不仅能够帮助旅游景区形成统一有序的管理模式，还能及时了解市场的需求，调整旅游产品及营销策略，更能有效地提升游客满意度和景区品牌知名度。

旅游景区在创A过程中，硬件建设相对来说比较容易，但软件的开发却显得相对较难把控。因此，旅游景区在创A时，首先要充分确保游客中心、旅游标识系统、生态停车场和星级厕所等硬件的质量。而后，针对实际情况，依据"以游客需求为导向，以品质为核心"的理念，着力提升软件的水平，以满足游客的需求。

5.2.2 普遍经验

5.2.2.1 准确解读和用好标准是关键

A级旅游景区等级评定是国家衡量旅游景区软硬件发展水平的重要指标，是识别旅游景区价值的重要标准。国家通过评定旅游景区等级，从众多的旅游景区中筛选出资源品质高、产品好、服务优质的旅游景区作为典范，以此引导全国旅游景区向国际化、高质量的方向发展。新兴开发旅游景区可以利用景区标准，以高起点进行规划设计，按照科学的标准流程推进建设，以免资源浪费或破坏生态环境。

旅游景区创A，可以有效地提升旅游景区的标准化建设、规范化管理、人性化服务和智能化服务，把旅游资源价值最大化，从而形成自身的独特品牌和形象，在国内外形成较强的吸引力和竞争力。此外，以游客为中心，全面系统地完善旅游功能，实施规范化管理和精细化服务，可以为旅游景区创造最佳效益。多年来，这些实践已经为景区带来了实实在在的效益。

创A工作的影响不仅仅局限于旅游产业本身，同时也会对旅游景区所在区域内产生循序渐进的全方位影响。这种影响表现在改变区域旅游发展格局、提高区域品牌知名度、促进区域产业机构升级、优化区域城乡发展结构等诸多方面。

5.2.2.2 确立"以人为本"的核心理念

从旅游景区的接待服务和管理服务等方面来看，要求旅游景区的工作人员要把游客的满意度和舒适放在首位；从旅游景区的宣传服务方面上看，要求旅游景区的宣传人员要把游客的体验感放在首位；从旅游景区的景观设计方面来看，要求旅游景区的规划师要把游客的需求和意愿放在首位；从景区的安全管理方面，要求景区的安全管理人员要把游客的安全和舒适放在首位。

因此，在旅游景区创A过程中，树立以游客为导向的理念，积极改进旅游景区的各项设施和服务，将可节省大量的时间和精力，更好地服务于旅游景区创A建设。

5.2.2.3 顶层重视，全员动员

A级旅游景区的创建不仅仅是旅游景区自身的工作，而是一个复杂的系统工程，需要其所在区域各方面的支持和配合，如政府的政策支持，文化与旅游、交通、自然国土资源、水文、环境保护部门等的支持和配合。因此，旅游景区得到当地政府及相关部门的重视和支持，是完成A级旅游景区创建的保障。

5.2.2.4 任务到岗、责任到人、督查到点，推动落实到位

创建A级旅游景区是一项复杂的系统工程，必须动员各相关部门投入旅游景区创建工作中来。因此，旅游景区创A过程中的各项工作任务必须分解落实到相关责任部门和具体责任人，确保工作任务不折不扣地执行、落实，各部门、各责任人对认领的工作任务进行量化，明确任务、时限和质量要求，确保每周每月每季同比环比都要有进步有提升，让每个管理者、员工心中都要有目标，人人肩上都要有担子。

5.2.2.5 强化资金保障，助力项目建设

创建A级旅游景区必然要投入一定的资金，但其所带来的收益也很显著。因此，旅游景区高层管理者一定要确保有足够的资金储备或融资渠道，以保障旅游景区创A过程中所需的资金。充分合理地利用资金创建A级旅游景区，能对旅游景区、政府乃至整个区域带来一定程度的利益及正向影响。通过提档升级，推动旅游景区快速健康发展，可以进一步释放旅游消费需求，增强人民群众获得感、幸福感、促进旅游业高速发展。

5.3 A级旅游景区发展的实践与经验

5.3.1 故宫文创：以优质文化产品增强文化认同

5.3.1.1 案例简介

故宫博物院是国家首批AAAAA级旅游景区，也是首批国家一级博物馆、全国最大的古代文化艺术博物馆、第一批全国爱国主义教育示范基地、世界三大宫

殿之一、全国未成年人思想道德建设工作先进单位。

随着我国经济的发展，居民消费水平也在不断地提高，人民群众对美好生活的要求已经不仅仅局限于物质产品的供给，对精神文化产品的需求也在不断增加，这也从一定程度上刺激了文化创意产业的发展。博物馆文创产业发展至今，已经从生产简单旅游纪念品发展到利用馆内丰富的文创资源和平台转化为文创产品的阶段，而且这一发展特征也在不断地呈现出新的特征和趋势。如博物馆文创融入互联网和智能科技，激发了消费者对新鲜体验和创新产品的需求，进一步推动了文化创意产业的发展。近年来，国内多家知名博物馆加入文创产品的市场竞争中，如国家博物馆、恭王府博物馆、苏州博物馆等，其中故宫博物院的表现尤为突出。新阶段、新消费、新特点，文创产品已经成为新一代消费热点，将在文化消费中占据主导地位。目前，国内的文创产业处于快速发展阶段，要根据市场需求和消费者喜好开发具有特色的产品。

据了解，故宫博物院文创产品受到了消费者的热捧，通过自营、合作经营和品牌授权，文创产品收入超过10亿元，创造了极其可观的销量和收益。因此，可借鉴故宫博物院在文创产品方面的开发经验。

5.3.1.2　经验借鉴

故宫博物院在文化创意产品研发过程的经验主要体现在六个方面①。

A　以弘扬中华文化为目的

博物馆通过深入挖掘丰富文化资源，研发出传统文化元素突出、符合时代审美、贴近观众实际需求的文化创意产品，将文物背后的文化魅力、人文情怀和艺术神韵播种到社会公众心中，滋养当代中国人的精神世界，提振当代中国人的精神力量。与此同时，面向世界发出中国声音，讲好中国故事。自2015年开始，故宫博物院积极参加国际授权展等国际展会，通过故宫向世界展示中华民族传统文化的深厚底蕴和时代新貌。

B　以学术研究成果为基础

故宫博物院专家研究成果是文化创意产品研发的宝贵资源。文物专家深入梳理和解读文物藏品内涵，选取特色鲜明，兼具文化价值、艺术价值与情感价值的文物元素，为文化创意产品研发确定方向。设计团队深入挖掘文物藏品的历史渊源、文化寓意、昔日使用场景及背后故事等，让文物气质与产品品质有效结合。2012年，故宫专家和故宫职工根据文物经典性、象征性、影响力等因素，结合

---

① 资料来源：人民日报.

文物艺术欣赏价值，从 26 个文物大类中评选出书画、陶瓷、建筑、金银器等"十大类别"115 件代表文物藏品，最终确定《清明上河图》、定窑白釉孩儿枕、冯摹《兰亭序》、角楼、金瓯永固杯等十件"故宫人最喜爱的文物"。实践证明，对这十件集故宫博物院全体专家职工智慧选出的文物，进行文化创意研发，创造出广受关注的精品，实现了社会效益与经济效益相统一。故宫还将专家研究成果与民众感兴趣的话题紧密结合，利用更加亲切、更加喜闻乐见的方式向大众传播优秀传统文化，深受年轻人喜爱。

C　以文化创意研发为支撑

在注重深度挖掘文化的同时，强调产品的故事性、艺术性、实用性、时尚性、创意性及功能性，提升受众互动体验感，力求多元体现文化创意，使人们正确理解和真切感受故宫博物院所传递的文化信息，更好地构建文化认同感。例如"海水江崖"系列产品设计元素，提取自寓意"社稷永固"的织绣作品以及永乐宣德青花瓷器藏品。"动意盎然"系列领带设计元素，源自院藏郎世宁绘画作品《弘历射猎图像轴》中飞奔的白色骏马，图案形象姿态豪放、动态盎然，产品有浅灰、浅橘、蓝绿和紫灰 4 种颜色，符合现代人色彩审美。

D　以满足公众需求为导向

让中华优秀传统文化与当代文化相适应、与现代社会相协调，焕发新的生机活力，关键要及时了解并充分结合公众需求。过去的博物馆纪念品往往强调历史性、知识性和艺术性，趣味性、实用性和互动性不足，因而容易与社会公众实际需求脱节，特别是对年轻人缺少吸引力。故宫最受欢迎的文化创意产品之一"朝珠耳机"，将耳机功能、传统文化与彰显个性的需求结合起来，颇受年轻人欢迎，成功地将传统文化有机融入现代生活。此外，故宫重视以展览为契机，研发相关文化产品，让公众有机会通过相关出版物、数字技术应用等"把故宫文化带回家"，以不同方式满足公众需求，真正做到文化传播"立体化"。

E　以提升文化体验为抓手

文化创意产品不是一般商品，它们带着博物馆的烙印，需要用精湛的工艺制造承载优秀文化。故宫博物院在文化创意产品研发过程中，适时提出从"数量增长"转向"质量提升"。不断加强对产品设计、生产、营销各个环节把控，力争做到"故宫出品，必属佳品"。在改善营销环境方面，针对红墙内古建筑区域，开展"去商业化"行动，拆除昔日占用古建筑的故宫商店临时建筑，还故宫古建筑以尊严，着重塑造产品、环境、文化内涵相协调的整体文化体验空间；将文物商店改造为"文化创意馆"，使之成为博物馆"最后一个展厅"。通过新媒体技术和数字化手段，打造"数字故宫社区"，世界各地的人们都可以通过官方网站、应用软件、社交媒体等渠道在线感受故宫文化魅力，让中华优秀传统文化"飞入寻常百姓家"。

F　以优化创新机制为保障

不断优化研发和营销机制，为发展文化创意产业提供动力，为中华优秀传统文化创造性转化、创新性发展提供助推力。通过不断引进专业人才，改善自主研发团队结构；通过制定授权管理规定，更好与专业团队合作，保障研发工作的创新性和专业性。

5.3.2　韶山红色旅游：红色引领融合创新实现红色旅游跨越发展

5.3.2.1　案例简介

韶山是国家 AAAAA 级旅游景区、全国爱国主义教育示范基地、国家级风景名胜区、中国优秀旅游城市、全国红色旅游融合发展示范区、全国红色旅游国际合作创建区、全国科技进步先进市、全国平安建设先进市、国家可持续发展实验区、全国绿化模范县（市）、国家知识产权试点城市、国家级电子商务进农村综合试点县市，是长株潭两型社会综合配套改革试验区和长株潭国家自主创新示范区的重要组成部分。

韶山红色资源丰富，生态环境优美。作为全国首家红色旅游融合发展示范区，韶山的红色旅游人气火爆。2020 年受新冠疫情影响，仍接待游客 1106 万人次。近年来，韶山以建设世界知名旅游目的地为目标，以红色旅游为龙头，以融合创新为路径，聚焦红色主题，传承红色使命，挖掘红色资源，发展红色产业，打造红色品牌，奏响了新时代弘扬红色文化的主旋律，引领和推动红色旅游产业蓬勃发展。因此，在红色旅游融合发展方面，可借鉴韶山红色旅游发展的经验。

5.3.2.2　经验借鉴

韶山红色旅游发展的经验如下[①]。

A　推进"红色旅游＋"，增强产业融合发展新动能

第一，突出产业融合，着力延伸产业链条、提高红色旅游效益。一是推动红色旅游＋文化。充分挖掘韶山红色文化、湖湘文化、民俗文化，突出红色主基调，以文物景点保护开发、文艺作品创作演出、非物质文化遗产保护展出、文创艺

---

① 资料来源：国家发展和改革委员会.

品研发制作为抓手，强化文化与旅游的融合。推进全域旅游八大工程，实施旅游主干道提质改造、韶山村美丽乡村建设等，红色元素融入城乡建设各环节。深挖红色资源，打造大型实景演出《中国出了个毛泽东》，推进最忆韶山冲、棠佳阁文化旅游体验园等文旅项目，红色文化体验更加生动。加强文物单位保护利用，18处国、省、市级文物保护单位串联成线，成了红色培训现场教学点和城区夜游线路。挖掘湖湘和民俗文化，建成非物质文化遗产博览园，让韶乐文化、韶山山歌、如意剪纸等29项非物质文化遗产焕发新生。加强文创产品研发，开发文创产品2000余种。扩大毛泽东同志诞辰纪念活动影响力，举办红色国际马拉松、环中国国际公路自行车赛、"跑进新时代"健康跑以及2020湖南红色旅游文化节暨湘潭首届红色文化产业博览会等，实现了红色旅游与会展、赛事经济的深度融合。二是推动红色旅游+农业。依托现代农业示范园、美丽乡村建设，丰富农业旅游功能，推动农业各个环节与红色旅游产业无缝融合，打造了一大批集农业观光、农事体验、科普教育、休闲娱乐于一体的农旅项目，加快乡村旅游发展。银田村、韶山村获评全国乡村旅游重点村，创成星级休闲农庄、乡村旅游区（点）20余处，稻梦田园、金景丰、华润、红林花海等十多个农旅项目竞相发展，年接待游客80万人次，带动近60%农民增收。三是推动红色旅游+工业。依托毛家食品、丰圆工贸、毛公酒厂等特色工业发展平台，融入旅游元素，把企业建成景点，把生产线打造成观光线，把企业文化演绎成旅游故事，实现工业业态向旅游业态的转变，构建集产、游、销、艺于一体的新兴产业体系，树立了工旅融合新样板，先后被评为省级工业旅游示范点。

第二，突出要素融合，着力提升服务品质、丰富红色旅游体验。融合韶山特色，打造毛氏菜系，培育了一批中国名菜、中华餐饮名店等。盘活闲置资源，建成韶山宾馆房车露营地和梦稀乡宿、远方的家、隐庐等一批中高端特色民宿，引进建国酒店、维也纳、雅斯特等品牌连锁酒店，满足了游客个性化需求。实施游客换乘，破解交通瓶颈，高铁、高速无缝对接，乡村旅游风景道、城市绿道、健身步道、滨水步道和全域旅游标识导引系统与之配套，形成"高速+高铁+公交+换乘+慢行"的高效旅游交通网络。打造省级旅游购物示范点3家，建成新天地旅游购物街和京东电子商务平台等，成为全国移动支付便民示范市，提升了游客购物体验。建成新天时商代特色商业街、毛母文化旅游城、红色记忆城等特色街区，特色美食城、电影院、图书馆、文艺馆等，以游客为主体的夜市更加丰富，免费红色电影每年接待观众达1.2万人。

第三，突出区域融合，着力推进联合营销、打造红色旅游品牌。承办中俄红色旅游合作交流活动，与胡志明、戴高乐、列宁家乡建立友好关系，韶山成为中国红色文化的国际形象展示窗口。与邓小平、孙中山故里联合推进"二十世纪三大伟人故里行"，联合刘少奇、彭德怀故居，打造伟人故里"红三角"，韶山逐步成为全国红色旅游集散地,扛起了引领湖南红色旅游发展的旗帜。

B　强化教育功能,放大红色旅游新效应

第一,壮大红色教育培训产业。成立了红色教育培训产业领导小组和行业协会,"部门+行业"双向驱动,全力推进红色教育产业发展,目前已注册管理运行的各类红色文化教育培训机构 31 家,年营业收入达 1.4 亿元,并将致力打造红色培训新高地。

第二,发展研学旅行市场。出台了《韶山市中小学生研学旅行工作实施方案》,加快拓展研学旅行市场,小红军拓展教育基地等研学旅行项目相继落地建设,毛泽东同志故居和纪念馆获评全国中小学生实践教育基地,非遗博览园、润泽东方实景教学基地、银田现代农业示范园等 6 家单位获评湘潭市第一批中小学研学实践教育基地。

第三,推进红色教育精品课程研发。打造了"学习领袖风范、不忘初心使命""先烈英魂犹在,理想信念不灭"两门省级精品课程以及 16 门市级精品课程,编撰、拍摄了《红色记忆》《永远的缅怀》等视频,充分利用 20 多个现场教学点的直观感化作用,正积极打造"求学""求索"之路现场教学点。

充分挖掘红色文化内涵,先后研发出精品、塑像、文化出版物等 10 大类 170种 271 款文化创意产品,先后承办多届湖南红色旅游文化节,进一步放大红色旅游品牌效应。

通过建立红色旅游学院、与院校合作等方式,加强毛泽东思想、红色文化和红色旅游开发研究,着力打造理念研究和创作基地。2016 年国家旅游局授予湘潭首个中国红色旅游创新发展研究基地,为韶山红色旅游融合发展提供智力支撑和人力保障。

C　坚持共建共享,深化红色旅游助推脱贫攻坚

推进共创共建,实现红色旅游惠民、红色旅游便民、红色旅游富民,形成全民共享红色旅游发展"红利"的大好局面。发挥旅游辐射带动作用,积极推出景区带村、能人带户、"公司+农户""合作社+农户"等多种有效旅游扶贫模式,以红色旅游产业为主导的产业扶贫让 80%以上贫困户稳定增收,平里村旅游扶贫经验全国推广,韶山在全省率先消除绝对贫困。强化就业支撑,旅游业带动城乡居民人均可支配收入增长达 9.4%,全市小康社会总体实现程度达 94.6%,提前实现全面建成小康社会目标。整合资金项目向红色旅游集聚,引导居民参与红色旅游产业经营,全市 90%的村列入美丽乡村省级示范创建村,旅游就业占全市就业总人数 56%,干部群众既是旅游发展的参与者,也是受益者,"人人是形象、处处是风景"业已呈现。

韶山着力将身为主席家乡人的自豪感转化为建设主席家乡的责任感、将韶山品牌的影响力转化为生产力、将光荣的革命精神转化为创新精神，坚持红色主基调，实施红色旅游+战略，基础配套上促城景村一体化，产业发展上与工农教相结合，要素配置上做资源整合大文章，使红色旅游与生态文明、乡村振兴和一二三产业有机融合，形成独具特色的跨界叠加、深度融合发展模式，实现了质效双增，为全国红色旅游融合发展提供可借鉴、可复制的成功经验。

5.3.3   十八洞村：精准扶贫首倡地的乡村振兴新路

5.3.3.1   案例简介

精准扶贫首倡地十八洞村是湖南省湘西土家族苗族自治州花垣县双龙镇下辖行政村，位于双龙镇西南部，东与双龙村接壤，南与张刀村相接，西与排达坝村相邻，北与马鞍村相连。全村辖 4 个自然寨，6 个村民小组，村域面积 13.8 平方千米。十八洞村入选第四批中国传统村落名录名单、荣膺"全国旅游系统先进集体"、入选第二批"中国少数民族特色村寨"、获评第五届全国文明村镇、入选中国美丽休闲乡村名单和全国乡村旅游重点村、是全国乡村治理示范村、第五批全国民族团结进步创建示范区、全国生态文化村、国家森林乡村，矮寨·十八洞·德夯大峡谷景区获评国家 AAAAA 级旅游景区。

作为习近平总书记"精准扶贫"重要论述的首倡之地，湖南省湘西土家族苗族自治州花垣县十八洞村只用了 3 年时间实现脱贫；在发展中得到保护的蓝天白云、绿水青山，又为这片土地提供了永续发展之基。

2019 年，十八洞村全村人均收入 14668 元，村集体经济突破 100 万元，130 户建档立卡户 523 人 100% 达到"一超过、两不愁、三保障"脱贫标准。2021 年，十八洞村全村人均收入 20167 元，村集体经济收入 268 万元，成功实现了从深度贫困苗乡到小康示范村寨的"华丽转身"。而十年前的十八洞全村贫困发生率一度高达 57%，村民人均纯收入仅 1668 元，集体经济空白。

5.3.3.2   经验借鉴

十八洞村从深度贫困到乡村振兴的有效衔接，从封闭保守落后到文明开放自信的历史跨越和深刻转变，创造了湘西苗寨千年发展史上的奇迹。脱贫攻坚阶段，十八洞村走出了一条可复制可推广的扶贫之路；新的起点上，十八洞村进一步突出产业发展、文旅结合、土地整治、乡村治理和发动群众经验模式，积极探索，先行先试，努力为乡村振兴蹚出一条新路子。十八洞村乡村振兴的做法如下①。

---

① 资料来源：光明日报.

A "典型引领，正向激励"的群众发动模式

一是在群众中挖掘创业致富的先进典型。在线上，村民每天都可通过《今日十八洞》直播，了解村里的点滴变化，了解当地的典型人物及先进事迹。

二是通过村民思想道德星级化管理正向激励。十八洞村定期组织召开全体村民道德评比大会，评比以村小组为单位，就遵纪守法、社会公德、自力更生、文明风尚等六个方面互相评分，每户按家庭成员人数计平均分，评分结果当场宣布、张榜公示，按得分结果分等级，90分以上的在家门口贴"五星"牌子。

通过典型引领和正向激励相结合，群众提高了获得感、幸福感，积极主动投身于乡村振兴的事业，这样的做法有利于村民"要我富"到"我要富""我能富"的转变。

B "实事求是，因地制宜"的产业发展模式

发动群众是乡村振兴的基础，而发展产业是乡村振兴的关键。十八洞村因地制宜，坚持大力发展乡村产业，特色种植、资源开发、乡村旅游等产业蓬勃发展，走上了一条生产发展、生活富裕、生态良好的可持续发展之路。

特色种养型产业蓬勃发展。针对"人多地少"问题，按照"跳出十八洞发展十八洞产业"的思路，十八洞村探索实施了"飞地经济"模式。成立花垣县十八洞村苗汉子果业公司，通过股份合作的形式在县农业园区流转1000亩土地建设精品猕猴桃基地，获得了有机产品认证并被授予"出口示范基地"，一些村民得到了分红。养殖业主要以土鸡、蜜蜂为主，昔日"三无"青年龙先兰变成了"养蜂大王"，不仅自己养蜂400多箱，还邀请18户村民组建合作社，带动118户562人一起养蜂，年收入达150万元以上。

资源开发型产业方兴未艾。非物质文化遗产资源主要是苗绣，十八洞村围绕苗绣产业组建了合作社，与中车株机等企业和本地高校签订合作协议，创新创意设计，拓展苗绣订单业务，让54名留守妇女在"家门口"就业，近两年连续年产值40多万元。物质资源主要是十八洞矿泉水的开发，十八洞村引进了企业投资山泉水厂，每年按"50+1"形式给村集体分红，近两年村集体年均分红60万元。十八洞村的标杆式产业来自红色资源的开发。围绕党性教育基地、青少年研学基地、爱国主义教育示范基地，努力建好红色旅游导游、党性教育教师、红领巾讲解员"三支队伍"，打造精品红色教育课堂、党性教育课堂、爱国主义教育课堂，2021年接待参观学习团体3500余批次、14万余人次，十八大党史学习教育经验在《新闻联播》《党史学习教育简报》等媒体平台推介。

生态旅游型产业如火如荼。十八洞村是湖南省潇湘"红八景"之一，入选"建党百年红色旅游百条精品线路""中国美丽休闲乡村"，获评国家AAAAA景区。十八洞村有高山峡谷、丛林溶洞、传统苗寨、苗族歌舞等旅游资源，是研学和乡村旅游的热点。十八洞村修建了十八洞景区游客中心、脱贫攻坚展厅、电商服务站、特色产品店、金融服务站、游步道、停车场、标识标牌等旅游服务设施。十八洞村有234人参与旅游服务及周边产业，农家乐、民宿发展到20多家，每家年均收入可达20万元以上。近两年，全村年接待游客40万人次，实现旅游收入1000多万元。

劳务输出业持续巩固。十八洞村针对闲余劳力开展职业技能培训，积极对接州人社部门，开通"十八洞"专列，积极向广东、福建、浙江、江苏等沿海发达地区输送劳动力，近两年，十八洞村183名劳动力实现转移就业，增加收入600多万元。

C "留住乡愁，守正创新"的农村建设模式

十八洞村按照"不栽盆景、不搭风景""不能搞特殊化，也不能没有变化"的要求，确立了"人与自然和谐相处，建设与原生态协调统一，建筑与民族特色完美结合"的建设总原则，以"留住乡愁""修旧如故""把农村建设得更像农村"的理念，坚持改善基础设施，不搞大拆大建，精准实施水、电、路、房、网、环境治理"六到户"和改厨、改厕、改浴、改圈、危房改造"五改"工程。同时，还结合"花垣变花园大行动"，在全村推行"三治三种一创"（治厕所、治垃圾、治污水；种树、种花、种菜；创美丽农家）。

十八洞村把当地敬畏自然、顺应自然、爱护自然的传统贯穿农村建设全过程，使苗寨民宅古色古香，村容村貌焕然一新，圆了村民"幸福美居梦"。绿化、硬化、亮化、美化等建设改造，为古老乡村注入现代文明元素。外引艺术注入生机，内厚本地文化功力，十八洞村推动文旅融合、农旅融合，让厚重文化赋能新产业，做好苗山苗水苗寨的保护开发，做实苗歌苗舞苗节的挖掘传承，做细苗绣苗染苗食的创意推广。

D "互助五兴，共同富裕"的乡村社会模式

"互助五兴"的农村基层治理模式是十八洞村探索乡村振兴可复制可推广经验的新贡献。

"互助五兴"是十八洞村在实践中总结完善、概括提升形成的"村党支部—互助小组—农户"的基层治理新模式，具体说来，就是"1553"工作机制，即一名党员联系五户群众，结成互助小组，从"学习互助兴思想，生产互助兴产业，乡风互助兴文明，邻里互助兴和谐，绿色互助兴家园"五个方面列出"需求清单"和"供给清单"，开展"户帮户、亲帮亲"活动。十八洞村共组建互助小组41个，实现党员、群众建组全覆盖，解决了许多政府"包"不了、家庭

"办"不了、个人"干"不了的事情，形成了"1+1>2"的合力。"互助五兴"形成于脱贫攻坚，发展于乡村振兴，在乡村和谐共富上取得了显著成效。

E "支部引领，党员带动"的基层治理模式

乡村振兴路上，十八洞村坚持加强基层组织建设，发挥党组织"主心骨""定盘星"作用，按照"支部引领、党员带动"的结构，探索推进基层治理模式，充分发挥基层党组织战斗堡垒作用和党员先锋模范作用，形成了党群互帮、互助共进的生动格局。

5.3.4 乌镇模式与经验：推动旅游与帮扶共同发展

5.3.4.1 案例简介

嘉兴市桐乡乌镇古镇旅游区于2010年获评AAAAA旅游景区，也是中国首批十大历史文化名镇和中国十大魅力名镇、全国环境优美乡镇，素有"中国最后的枕水人家"之誉。2003年，乌镇被联合国授予亚太地区遗产保护杰出成就奖；2006年，被列入联合国世界文化遗产保护预备清单和中国世界文化遗产预备名单重设目录。

将先进的管理理念实践于对古镇的保护中，乌镇对古镇保护开发方式作了有效的探索，积累了成功的经验。如管线地埋、河道清淤、修旧如故、控制过度商业化等工作，都是在全国古镇保护开发中首创或成功运作的典范，受到了专家和同行的肯定，被联合国专家考察小组誉为古镇保护之"乌镇模式"。

依托丰厚的旅游资源和长三角一体化发展大势，桐乡市充分发挥高能级营商环境优势，旅游示范项目、示范产品不断涌现，以旅带农、兴旅富民的农旅融合发展之路初步形成。以乌镇旅游公司直接经营管理的东栅、西栅以及乌村三大景区为例，直接吸纳各类就业人员超过5500人，其中80%来自乌镇本地及周边湖州练市和江苏桃源两镇。乌镇除了吸纳附近农民就业以外，还跨越山海合作，将旅游带动就业扶贫富民的成功经验带到了贵州。由乌镇旅游团队操盘的旅游精准扶贫项目乌江村·初心洞落子贵州遵义市播州区。乌江村布局5大旅游功能区域、15个旅游业态大类，已初步整体呈现。乌江村为当地农民提供旅游产业链的各种工作岗位，同时为外出务工人员返乡就业创业创造机会，预计运营后可直接解决2000人以上就业，间接带动8000余人就业。

桐乡市开发运营乌镇旅游带动就地就近就业，被国家发改委作为共同富裕典型经验向全国推广。近年来，桐乡因地制宜开发运营乌镇旅游，为当地农民创造更多就地就近就业机会，探索形成了可复制可推广的经验做法。目前，乌镇年接待游客超1000万人次，旅游总收入超20亿元，直接和间接带动就业超过5

万人。

目前，桐乡这一典型经验做法也在其他地方推广应用。乌镇在贵州省遵义市打造的乌江村，为当地农民提供旅游产业链的各种工作岗位，同时为外出务工人员返乡就业创业创造机会，预计运营后可直接解决 2000 人以上就业，间接带动 8000 余人就业。因此，在特色小镇旅游发展方面，可借鉴乌镇的旅游发展经验。

5.3.4.2　经验借鉴

乌镇的旅游发展经验如下①。

A　创新推动旅游与帮扶共同发展模式

桐乡市通过开发运营乌镇旅游，优先吸纳当地农民就地就近就业。景区严格审核商铺承租人，西栅民宿优先考虑本地居民承租，景区内的船工大部分是原先附近渔业村的渔民，乌村的农业从业者基本都为该村的原住农民。以乌镇旅游公司直接经营管理的东栅西栅以及乌村三大景区为例，直接吸纳各类就业人员超过 5500 人，其中 80% 来自乌镇本地及周边湖州练市和江苏桃源两镇。乌镇旅游在贵州省遵义市打造的乌江村，为当地农民提供旅游产业链的各种工作岗位，同时为外出务工人员返乡就业创业创造机会，预计运营后可直接解决 2000 人以上就业，间接带动 8000 余人就业。

B　大力提升基础设施

实施"镇区景区化，景区全域化，全域智慧化"工程，对景区基础设施进行大范围提升。累计投入各类城镇基础设施建设资金约 80 亿元，在全国景区首创和成功运作了"管线地埋""改厕工程""清诚工程""泛光工程""智能化管理"等高标准建设保护模式，修建大型停车场、游客中心等，重新整理疏通河道，实现了城镇功能和水乡风情的完美融合。现代化基础设施建设也为乌镇旅游的发展提供了保障，景区基本实现 5G 信号全覆盖，互联网医院、腾讯无人书店等落地生根，"乌镇管家"实现线上线下常态化长效管控。同时，还引进了阿丽拉、希尔顿等知名酒店品牌入驻，提高了餐饮住宿的整体水平旅游体验感持续提升。

C　积极开发融入文化元素

文化元素的开发融入让乌镇旅游更具深度、更有底蕴，彰显出独特的魅力。乌镇在过去的 20 年里完成了三次进化，而"乌镇 3.0"则是以乌镇国际戏剧节

---

①　资料来源：国家发展改革委办公厅.

为契机带来的升级。2013 年，乌镇举办了首届戏剧节，将戏剧表演与古镇风貌融合，让戏剧扎根在街头、店铺借不同的表演场地和表现形式拉近观众与戏剧的距离，让观众喜欢上戏剧，乌镇的影响力延伸至文化、娱乐市场，也让戏剧从阳春白雪走进老百姓的生活中，还引进了聚橙乌镇音乐剧基地等文旅项目举办戏剧集市、香市等群众文化活动。同时，在"红色领航"大背景下，乌镇作为省级红色旅游教育基地，依托茅盾纪念馆、王会悟纪念馆等红色旅游资源，开发"红色+绿色""红色+乡村"等旅游产品，持续带动红色旅游热潮。

D　全方位加大政策扶持

桐乡市打出政策组合拳，多层次支持乌镇等旅游项目开发运营。在资金支持方面，设立文化和旅游产业发展专项资金，对固定资产投资在 1000 万元以上的旅游项目按投资额的 4%给予一次性补助，对乡村旅游项目按相关设施投资额的 50%进行补助；在经营方面，对旅游饭店年营业收入达到一定标准的给予不同层次奖励，对品牌民宿按级别给予一次性奖励；在用地方面，将旅游业用地纳入国土空间规划、年度用地计划和年度供地计划，优先保障乡村旅游发展用地；在融资方面，加大信贷支持力度，拓宽投融资渠道，探索利用旅游景区经营权、门票收入权以及旅游企业建设用地使用权林权等质押贷款；在人才培养引进方面，把文旅体高层次人才纳入全市人才计划，对新培养或新引进的高等级旅游管理或技术人才工作满一定年限的给予一次性奖励。

5.3.5　一部手机游云南：智慧科技赋能旅游业高质量发展

5.3.5.1　案例简介

2017 年，云南省就启动了"一部手机游云南"建设，这也是国内全域智慧旅游领域的先行者和标杆项目。经过 4 年多的探索实践，"一部手机游云南"智慧平台已接入各类文旅要素资源超 5 万个，并为游客提供服务超 3 亿次，取得了明显的成效，获得社会各界广泛好评，已经成为全国全域智慧旅游的标杆项目。截至 2022 年 7 月，平台已服务游客超 2.1 亿人次，接入酒店、景区等文旅资源超 5 万项。

在智慧化旅游服务上，"一部手机游云南"应用云计算、物联网、区块链等前沿技术，通过游客综合服务平台"游云南"，打通了各部门与地域间的信息资源壁垒，对旅游产业链的服务产品进行有效的串联、整合与智慧化提升，实现生态共建的全域旅游数字生态共同体。因此，在全域智慧旅游发展方面，可借鉴"一部手机游云南"的做法。

5.3.5.2   经验借鉴

A   整合全省资源，接入"游云南"平台

"一部手机游云南"通过数字化优势，整合了省内景区资源"上云端"。持续推动景区资源数字化，在"游云南"平台上，目前共推出850个景区名片栏目，全方位展现云南各地、各景区旅游资源和玩法，真正实现了让游客"说走就走游云南"。

B   各地接入平台，致力于智慧旅游服务

丽江从"两端"探索文旅融合新路径。2021年6月，丽江古城游微信小程序、丽江古城"一部手机管理旅游"平台开始运行。管理人员可以通过移动端查询丽江古城实时人流量、酒吧声音监控、投诉咨询受理等数据，可通过平台开展综合执法检查、投诉咨询处置、市场管理、经营户普查、民居修缮管理等业务，实现信息交互共享、快速反应决策。与此同时，丽江古城游微信小程序，聚焦游客"吃、住、行、游、购、娱"六要素，开设了"吃在古城""住在古城""游在古城""娱在古城""行在古城""购在古城"等板块，为游客提供全方位、精致化智慧旅游服务。

大理注重数字科技驱动产品业态创新。"没有共产党就没有新中国""漫步苍洱，体味乡愁""有一种生活叫大理""中国最佳爱情表白地大理"，千架无人机在崇圣寺三塔景区点亮大理夜空，活动全程进行场外直播和网络直播，深受观众喜爱。在天龙八部影视城内，城市剧本游《珍珑迷局》全新上线。《珍珑迷局》依托微信小程序"沉浸剧本游"渠道形成流量入口，将2003年版电视剧《天龙八部》中虚竹破解珍珑棋局的故事情节完美嵌入景区现有资源，集线上线下场景于一体。

西双版纳助推数字化建设，让游客享受便利。勐巴拉国际度假区智能小镇将5G+技术应用到环境监控、智慧安防、智慧票务、智慧停车场、智慧厕所、360全景VR直播、无人机视频直播、慢直播、智慧酒店、Wi-Fi覆盖等方面，实现了勐巴拉智能小镇资源和旅游信息系统化整合与深度开发利用，让游客感受更佳的旅游体验。

"一部手机游云南"项目开创了"高位推动、多部门协同联动、全省所有州市联动、政府企业游客三端联动"的全域智慧旅游的"云南模式"。该模式借鉴的经验主要如下①。

① 资料来源：中国旅游报．

（1）提升游客体验。面向游客端的"游云南"客户端主要为游客提供旅游咨询、预定、导览、便捷入园、智慧厕所和智慧停车场、交通出行、投诉和退货等服务。截至目前，累计下载量达2300万次，用户数超过760万人；"游云南"体系为公众提供服务突破2亿次。

目前，云南省昆（明）大（理）丽（江）、昆（明）磨（憨）两条美丽高速公路及怒江美丽公路沿线共65个智慧服务区已上线"一部手机游云南"平台，车位、厕所、淋浴间、油价、通知、公告等服务尽在指尖。

（2）便利政府管理。在综合监管考核方面，"一部手机管旅游"平台会公布云南省各市州实时得分情况和排名，包括综合监管机制运行情况、涉旅企业诚信评价进展情况、涉旅安全事故发生情况、受到上级处理情况、游客投诉处置体系运行情况等。

（3）带动企业发展。"一部手机游云南"是活化的生态系统，其成功关键还在于持续的深度运营。2020年以来，腾云公司不断优化、完善运营策略。一是建设地面网络服务体系。如与红河州建水县合作，落地建设集"30天无理由退货+旅游集散+旅游咨询+游云南会员服务+智慧旅游展示+十大名品展销"于一体的游云南服务驿站。二是全方位拓宽流量渠道。通过助力产业复苏奖补政策的牵引，与云南省内243家旅游企业累计合作研发502款云南旅游新产品。与微信合作，为全省93个景区开通"搜一搜"官方品牌区。与交投集团、昆交集团、南方电网合作，接入ETC（云通卡）充值、省内汽车票预订以及充电桩查询等高频场景应用。2020年暑期，在全省知名景区布设48个"游云南"智慧旅游服务体验站。三是助力"游云南"客户端宣传推介。在云南省文化和旅游厅的指导和支持下，2020年累计完成140多场品牌推广活动，整体曝光量达48.5亿次；线上投放累计完成曝光量超12.7亿次；发布《"一机游"模式发展白皮书》，曝光量达2.75亿次。

6 广西文化和旅游高质量发展建议

6.1 广西文化和旅游发展成效

6.1.1 桂林世界级旅游城市建设扎实推进

良好的生态环境、秀丽雄奇的山水、独特的民族风情、多姿多彩的文化，让广西成为文化和旅游资源的富集区。广西立足发展优势，把文化旅游产业作为富民兴桂的支柱产业，在打造桂林世界级旅游城市、建设广西世界旅游目的地方面取得了新的成效。坚持世界眼光、国际标准、中国风范、广西特色、桂林经典，配合国家制定《打造桂林世界级旅游城市规划纲要》，扎实推进长征国家文化公园（广西段）等 100 个重大项目和重大事项。

6.1.2 现代旅游产业体系加快构建

树立全域旅游理念，主动顺应旅游市场需求，大力发展乡村旅游、康养旅游等产业，构建"三地两带一中心"全区旅游发展新格局。全区创建了 1 个国家级旅游度假区、9 家 AAAAA 级旅游景区、3 家国家生态旅游示范区，有超过一半的县（市、区）成功创建广西全域旅游示范区或广西特色旅游名县。

6.1.3 文旅融合发展迈出新步伐

坚持以文塑旅、以旅彰文，实施一批民族地区重点文物、传统建筑保护工程，加强革命文物保护利用和红色旅游产品、线路开发。灵渠列入世界灌溉工程遗产名录，左江花山岩画文化景观列入世界文化遗产名录。2019 年，全区旅游总消费首次突破万亿元。2021 年，全区接待国内游客 7.98 亿人次、同比增长 20.8%；实现国内旅游收入 9062.99 亿元、同比增长 24.8%，旅游产业稳步恢复。

广西将坚持践行"绿水青山就是金山银山"理念，坚决承担起保护好广西山山水水的历史责任，协同推进生态环境高水平保护和经济高质量发展，着力扬优势、补短板、强弱项、提品质、塑品牌，不断提升文化和旅游特色化、品质化、国际化、智慧化水平，推动"生态+文化+旅游"深度融合，打造国家全域旅游示范区和世界旅游目的地，加快建设美丽广西和生态文明强区①。

6.2 广西文化和旅游发展的实践与经验

6.2.1 漓江：为可持续发展提供"桂林经验"

6.2.1.1 案例简介

桂林市漓江景区是国家首批 AAAAA 级旅游景区，也是世界自然遗产地、国家重点风景名胜区，是世界上规模最大、风景最美的岩溶山水游览区之一，有"百里漓江、百里画廊"的美誉。

近年来，桂林市坚持生态立市、绿色发展，切实践行"两山理论"，漓江生态综合治理取得显著成效。桂林市全力促进漓江流域生态环境持续向好的做法被评选为国务院第八次大督查发现的典型经验做法，2022 年漓江入选国家首批美丽河湖案例，漓江生态保护改革创新经验可为喀斯特地貌地区良好水体保护提供借鉴。

6.2.1.2 经验借鉴

A "四治工程"让漓江焕发"青春态"

第一，改革治本。桂林市深化体制改革，成立漓江风景名胜区党工委和管委会，构建"市、县区、乡镇、村居委"四级网格管理机构和综合执法体系，推动出台广西第一部地方综合性生态环境保护法规《广西壮族自治区漓江流域生态环境保护条例》，颁布《桂林市漓江风景名胜区管理条例》印发系列规章，漓江保护工作走上法治轨道。

第二，重拳治乱。针对漓江沿岸"乱建、乱挖、乱养、乱经营、环境卫生差"等乱象，桂林重拳出击，160 多艘住家船得到全面清理。

第三，全力治水。桂林投入 60 多亿元，大力实施"净水、补水、蓄水、引水"工程。在已有青狮潭水库、思安江水库的基础上建成斧子口、小溶江、川江3 座水库，全面提升漓江水质，确保漓江水量，游客们即使在冬季枯水期都能看到象鼻山"大象饮水"的美景。

---

① 资料来源：广西壮族自治区文化和旅游创新发展中心.

第四，综合治山。桂林市投入2.6亿元开展漓江采石场生态修复，生态复绿21家采石场山体136万平方米；投入1.8亿元实施漓江洲岛、湿地、喀斯特世界自然遗产地生态修复，生态修复面积近20万平方米。此外，将漓江源头、沿岸的森林全面纳入生态公益林管理，实施"绿化、彩化、花化、果化"等，近年共完成植树造林163.5万亩，造就"一河清水，两岸秀色，三季有花，四季常青"的漓江美景。

B 生态宜居

雁山区草坪回族乡地处漓江旅游精华段，这里被打造成休闲旅游主题小镇，富有民族特色的休闲街区，在山水的映衬下，越发彰显魅力，游客们有的沿江边散步观景，有的在小镇里感受民俗风情，十分惬意。

经过治理，桂林城市污水集中收集处理水平大幅度提升，森林覆盖率增至71.9%，漓江干流水质稳定达到Ⅱ类。漓江生态景观环境和农村人居环境得到极大改善。

漓江水生态环境保护不单纯就水论水，而是坚持山水林田湖草沙系统治理，结合突出水生态环境问题，治水同时治山、治乱、治本，通过治山全方位涵养水源，通过治乱解决环境卫生差和产业无序发展，通过治本建立水生态环境保护长效机制，将流域水生态环境保护与产业发展、城市发展格局深入融合，实现生态环境、旅游发展、民生福祉的多方共赢。

C 旅游+文化+农业融合促乡村振兴

近年来，漓江逐渐形成了"旅游景区+脱贫村""旅游合作社+农户""旅游商品基地+农户""旅游双创+就业"等多种发展模式，加速实现"产业兴旺、生态宜居、乡风文明、治理有效、生活富裕"的美好未来。

6.2.2 "壮族三月三"：打造壮族文旅大 IP

6.2.2.1 案例简介

"壮族三月三"于2014年入选国家级非物质文化遗产名录，是壮乡武鸣的传统节日，唱歌为其活动的主要内容。1980年起，将"三月三"定为歌节。2003年开始，为弘扬民族的优良传统文化，打造壮民族文化品牌，将"歌节"复名为"歌圩"。"三月三"歌圩是目前全国规模最大、影响最广、历史最久的民族歌圩。每年"三月三"期间，在推出富有壮乡特色的活动项目的同时，将经贸活动融入歌圩整体活动中，成为该地68万人民的另一个"春节"。

2018年以来，自治区文化和旅游厅在党委、政府领导下，逐步探索出一条多元协同文旅节庆活动宣传模式，整合推动"壮族三月三"文旅 IP 的建设落地。目前，"壮族三月三"已逐步成为一个展现民族文化魅力、推动经济发展、促进民族团结、凝聚发展动力的盛会，也是广西文化旅游的一张亮丽名片。

6.2.2.2 经验借鉴

A 政策支持，"引客入桂"

广西壮族自治区党委、政府高度重视"壮族三月三"文旅品牌打造，主要领导亲自审定工作方案并参与主要活动。支持自治区文化和旅游厅联合财政、交通、航空、商务等部门在"三月三"期间出台文化旅游联合促销活动方案及优惠政策和奖励措施。

B "走出去""请进来"，打造季节性特色文化旅游目的地

一是精心策划组织赴区外甚至海外开展"壮族三月三·相约游广西"主题推介活动。2018 年以来，共组织赴惠州、中山、长沙、福州、南京、上海等地举办了 20 多场以"壮族三月三·相约游广西"为主题的文化旅游推介会招商会、文创旅游商品大卖场等。

二是在"三月三"期间，集中邀请区内外主流媒体、新媒体及旅行商前往广西参加采风踩线活动，大力宣传广西文旅特色旅游资源线路，发展成就、民族文化、旅游扶贫成果等，吸引区外甚至是海外游客在"三月三"期间前往广西旅游。

C 聚焦新媒体创意营销，助力疫后文旅市场复苏

一是开展"三姐带你游广西"直播活动，通过邀请知名网红、旅游达人在抖音、微博以及央视影音、央视网、人民旅游等平台对全区 14 个市共组织了 31 场跨时空的云游广西。同时还在云上举办了"金色舞台"和"畅享民歌"两大展播，"非遗风采""舌尖美食""指尖技艺"三大展示，开办了"多彩印记"展馆线上游等七大文化活动，通过"云游""云听""云看""云参与"等形式，在"云端"展示广西各地各民族的多彩文化，尽显"秀甲天下，壮美广西"的独特魅力。

二是邀请广西籍名人、公众人物为"壮族三月三"代言，增加"三月三"曝光率和知名度，同时也给"三月三"注入浓浓的乡土情怀。如广西籍演员在微博平台发布的"壮族三月三·相约游广西"短视频，获得 80.9 万人次的播放和 4.3 万人次点赞。

三是邀请广西原创歌手创作广西文化旅游宣传推广歌曲《等你来》及手势

舞，拍摄制作"壮族三月三·相约游广西"主题宣传视频，发起"三姐邀你来嗨歌"话题挑战赛，开展"相约游广西——最想去的地方"线上投票等接近十项线上活动，以创新的手法和形式充分展示广西独特的风土人情，旅游资源和民族文化魅力，同时增强活动的互动性和吸引力，实现网民自主裂变式传播。

6.2.3　螺蛳粉小镇：文旅融合打造螺蛳粉小镇

6.2.3.1　案例简介

螺蛳粉小镇位于广西柳州市柳南区太阳村镇，总规划面积为 22.75 平方千米，是全国首个以螺蛳粉为主题的特色小镇，也是国家 AAAA 级旅游景区、国家级现代农业产业园和国家产业融合发展示范园。近年来，螺蛳粉小镇推行"螺蛳粉+全产业链""螺蛳粉+生产集聚区""螺蛳粉+小镇文化节""螺蛳粉+生态观光园""螺蛳粉+美食文化节""螺蛳粉+互联网销售"等文旅游融合发展模式，围绕生产、生活、生态、美景、美食等做文章，塑造形式多样复合型旅游产品，催生旅游产业新动能，取得显著成效。

柳州市精准发力推动螺蛳粉产业快速发展的做法被评选为国务院第八次大督查发现的典型经验做法，可为工业旅游、特色小镇等旅游发展提供可借鉴的发展模式及成功经验。

6.2.3.2　经验借鉴

螺蛳粉小镇 AAAA 级旅游景区做法如下①。

A　打造旅游全产业链

依托螺蛳粉特色小镇建设，围绕螺蛳粉产业链，全面推进特色小镇"一镇五区"建设（即以太阳村镇集镇为核心，建设螺蛳粉生产集聚区、现代农业示范区、现代农业研学实训区、健康产业集聚区和旅游观光休闲区），重点在生态农业旅游、文化休闲旅游等方面发力，努力把特色小镇建设成为一二三产融合、城乡协调发展宜居宜游宜玩的 AAAA 级景区。

B　打造螺蛳粉工业旅游体验项目

建设螺蛳粉产业聚集区，通过螺蛳文化展馆、生产线参观、螺蛳粉制作互动体验等多种方式，挖掘丰富螺蛳粉历史内涵，并把螺蛳粉工业与都市近郊旅游相结合，推进工业旅游。目前聚集区一期已建标准厂房 5 栋 12.1 万平方米，入驻

---

① 资料来源：广西壮族自治区文化和旅游厅．

螺蛳粉企业 14 家,日产预包装螺蛳粉 40 万袋。

C 打造观光农业旅游

结合观光农业,打造螺蛳粉产业原材料基地,发展豆角、竹笋种植和螺蛳养殖,在种养殖过程中,积极谋划都市生态农业休闲游、农业体验式旅游等旅游项目,大力挖掘传承高沙锣鼓庆丰收、农耕文化等本地特色文化,传播推广螺蛳粉民俗文化。同时,把以特色小镇为核心的田园综合体建设与中小学生研学旅行基地建设相结合,将课堂搬进农田,为全市中小学生提供一个认识乡情、体验农事、学习农业科学知识的场所。目前,小镇现代农业示范区内种植麻竹 8800 亩、豆角 1500 亩、优质大米 3000 亩,螺蛳养殖 1000 亩、蛋鸡养殖 100 万羽、肉鸭孵化 3000 万羽,带动酸笋、酸豆角、螺蛳、鸭脚等螺蛳粉原材料深加工发展。

D 打造乡村休闲旅游

着力改善小镇的生态环境,开发滨水休闲、田园生态、生产体验等适合居住、旅游、观光、度假的景观小镇。主要是建设山湾新村,治理太阳河,建设观光栈道;沿河稻田养螺,打造优美的田园光,吸引游客前来游玩,引导贫困群众发展特色种养业、农家乐、民宿等。目前,螺蛳粉小镇内百乐竹海公园已完成建设对外开放,小镇客厅、研学基地等项目正在紧锣密鼓地推进中。

6.2.4 防城港边境旅游试验区：创新推动边境旅游发展

6.2.4.1 案例简介

防城港是我国西部第一大港,与东盟海、陆、河相连的门户,内有十万大山、北仑河口、江山半岛、京岛等旅游资源,口岸年出入境人数居中越沿边口岸之首。2018 年 4 月,国务院同意设立广西防城港边境旅游试验区。文化和旅游部、外交部、发展改革委、国家民委、公安部、财政部、自然资源部、交通运输部、海关总署、体育总局 10 部门联合印发《内蒙古满洲里、广西防城港边境旅游试验区建设实施方案》,明确防城港边境旅游试验区的任务,也为防城港边境旅游发展指明了方向。

防城港边境旅游试验区经过 3 年的建设,五大探索改革 64 项任务完成了60.5 项,完成度约 95%。近年来,防城港市持续推进国际医学开放试验区、边境旅游试验区和国家公共文化服务体系示范区建设,边境旅游改革成效显著,完成三年建设评估。通关便利化取得突破,开通国际旅行证件绿色通道,边境游自助办证系统上线,开通东兴至芒街首条国际道路客运班线,边境旅游通关便利化领先全国边境城市。

6.2.4.2 经验借鉴

防城港边境旅游试验区做法如下①。

A 探索三项旅游通关便利化新举措取得突破

促进人员通关便利化。一是通过积极沟通协商，中越双方达成共识，两国边境居民可申请办理边民证，凭证可通过边境的通关绿色通道快速通行。二是对现有口岸进行升级改造，开通口岸智能旅客通道，配套证件及生物特征识别设施，应用智慧卫生检疫服务系统，实现精准检疫高效监管快速通关。三是将因公出境至东盟国家审批权限下放至试验区，为试验区内人员办理因公临时出国提供更便利快捷的服务。

推动团体旅游便利化。一是科学合理规划边境旅游线路，强化跨境旅游联动协调，提高旅游品质和游客体验。"中国桂林—防城港（东兴）—越南芒街—下龙"黄金旅游线跨境自驾游正式开通且常态化，加快中越跨境旅游产品的转型升级，充实了跨境旅游的线路内容，提高边境旅游品质。二是在游客出入境集中的口岸实施"一站式作业"通关模式，实现旅游团队、车辆快速查验放行。开发了 APP 出入境旅游团自助排号平台，设置排号机，推行出入境旅客排号制度。

促进自驾车旅游往来便利化。一是开设"跨国自驾游绿色通道"，将车管窗口靠前，在国家一级口岸设置边界办证场地，快速为旅行团办理车辆通关手续。二是推动设置跨境自驾车通关绿色通道，实现游客及其行李物品、车辆的快速查验放行。自驾游车辆自 2018 年已实行"一站式"通关验放，游客可启用自助通道快速自主通关。

B 探索全域旅游发展新路径取得突破

推动完善全域旅游综合协调机制。一是建立健全旅游市场综合监管机制和综合执法机制，构建旅游纠纷立案、审理、裁决和执行的快速处理机制。相继成立东兴旅游法庭、旅游警察和旅游市场监察大队，防城区旅游法庭和港口区旅游法庭。二是创新旅游发展配套机制，建立相应的旅游联席会议、旅游投融资、旅游人才培养、旅游工作考核激励等机制。

推动完善边境旅游综合服务设施。一是推进防城港/钦州支线机场前期工作，推进中越铁路防城港至东兴铁路建设，目前防城港支线机场已取得机场选址书面意见并提交中国民航局受理。二是加强与越南铁路、高速公路、桥梁、口岸的对

---

① 资料来源：中华人民共和国文化和旅游部.

接，建设中越海陆旅游新通道，南宁吴圩至防城港、上思至峒中、东兴—防城（至铁山港）等高速公路列入《广西高速公路网规划（2018—2030 年）》。三是加强口岸基础设施建设，东兴口岸基础设施经改造后达到国家对出入境旅客候检不超 30 分钟的最新要求，口岸通行能力由每天 2 万人次提升至 5 万人次。

探索创新产业融合发展。一是推进发展"旅游+文化"，成功举办、海上国际龙舟赛、首届北部湾开海节、东盟国际马拉松赛等。精心打造中国京族风情诗画音乐会《京岛情韵》等文化演艺节目，部分节目实现常态化商演。二是推进"旅游+商贸"，2018 年 12 月实施境外旅客购物离境退税政策，创新跨境旅游购物新方式。以东兴边境经济合作区、国门景区等口岸周边区域为集聚点，布局旅游和跨境电商融合发展产业，在中越边境旅游办证大厅建设跨境电商展示中心。三是推进"旅游+节庆"，举办以"壮族三月三·八桂嘉年华"为主题的文化体育和旅游活动。四是推进"旅游+体育"，举办的"2018 中国—东盟马拉松"获"2018 中国田径协会马拉松银牌赛事"和"最美赛道特色赛事"称号；防城港市国家公共文化服务体系示范区获国家文旅部正式授牌。

构建旅游共建共享模式。一是支持和引导各类社会资本参与乡村旅游开发。二是加强对红树林、森林、湿地、河流的保护工作，提升试验区环境质量。三是探索制定旅游扶贫奖补政策，支持当地居民和贫困户开发餐馆、酒店、民宿、自驾车营地等旅游接待设施。

C 探索产业发展引导新机制取得突破

创新旅游融资方式。将边境旅游重大项目审批权限下放到试验区。探索设立旅游产业促进基金，扶持旅游企业发展。将广西东投集团有限公司改组为防城港市文旅集团有限公司，着手在防城港市设立丝路（防城港）产业发展股权投资基金，支持防城港市包括旅游项目在内的各产业基础设施项目融资。

推动完善土地支持政策。出台支持防城港边境旅游试验区旅游业发展用地的意见，对重点旅游项目新增建设用地指标优先列入年度用地计划，优先安排用地指标，新增建设用地指标向旅游项目用地倾斜。同时，完善旅游用地空间布局，鼓励农村集体经济组织依法以集体经营性建设用地使用权入股及联营等形式与其他单位个人共同开办旅游企业，推动乡村旅游基础设施建设用地作为公共设施和公益事业用地。

D 探索边境旅游转型升级新动能取得突破

开拓海上跨境旅游新市场。出台促进邮轮产业发展财政扶持实施办法，支持企业开辟邮轮航线，中国桂林—防城港（东兴）—越南芒街—下龙黄金旅游线跨境自驾游于 2018 年 6 月正式开通且常态化运行。推进试验区的邮轮码头及相关配套设施建设，防城港马鞍岭 1、2 号旅游码头已建设完成。

打造边境新型旅游产品。立足中越边关风情、滨海休闲度假、森林生态健养等核心旅游资源，推动构建新型特色"海陆空"立体旅游产品体系。

E　扩大边境旅游合作新模式取得新突破

建立跨境旅游常态化联合执法机制，共同维护边境旅游市场秩序。建设"诚信旅游信用公示与服务平台"，建立同法院、公安、工商等部门的信息互通工作机制，加快旅游信用信息数据归集共享工作。

推动跨境旅游联合营销机制。探索中国东兴—越南芒街跨境旅游合作区建设，完善与越南旅游部门和旅游企业合作机制，发展以联合打造旅游线路、联合打造旅游景区、联合开展旅游宣传推广、联合开展跨境旅游执法、联合做好旅游演艺交流、联合开展跨境旅游培训为主的"六联合"模式，并建立旅游市场联盟，联合开展跨境旅游宣传推广。

6.2.5　"乐游南宁"：微信小程序智慧化服务创新

6.2.5.1　案例简介

"乐游南宁" APP 及微信小程序由南宁市文化广电和旅游局立项建设，通过政府采购的方式委托第三方进驻平台提供服务，目前已列入南宁市新型智慧城市政务新媒体重点项目。"乐游南宁" APP 及微信小程序以服务游客为宗旨，以周边旅游服务为基础，通过旅游资源与销售渠道互通、线上线下相结合的方式，实现了旅游产销一体化服务功能，线上通过"乐游南宁"平台整合全市及周边旅游资源，打通销售渠道带动文旅企业发展，线下通过景区导览、旅游直通车、集散中心、直通车站点实现获客。

"乐游南宁" APP 及微信小程序项目主要依托微信小程序"即开即用，用完即走"的特性，为游客提供旅游前、旅游中、旅游后的全面智慧化服务。

6.2.5.2　经验借鉴

"乐游南宁" APP 及微信小程序可借鉴的经验如下[①]。

A　智慧导览创新

在通用版高德地图的基础上，"乐游南宁"以活泼的手绘全景地图展示南宁市各景区的全貌，采用 GPRS 导航技术、LBS 定位技术、720° 全景技术为游客提

---

① 资料来源：中国旅游新闻网.

供景点查找、厕所查找、游览路线规划等精准地图服务和免费中英文语音讲解服务，满足多样化个性化的旅游需求。

B 智慧旅游交通服务创新

"乐游南宁"设置了南宁旅游直通车线上预订服务板块，采取线上线下相结合的运营模式，在线购票，定时定点，循环发车的运行模式，为游客解决景区与景区、景区与车站（集散中心）之间"最后一公里"的难题。游客在平台上可以查看各景区直通车线路运行情况，根据自己出行安排选择适合自己的上车地点和发车班次，一键预订。

C 研学教育智慧化创新——研学旅行

"乐游南宁"设置了研学旅行服务线上预订服务板块，实现了研学旅行智慧化功能。利用互联网整合研学基地、研学课程、研学导师优势资源，开发了课前预习、课中体验、成果展示、课程评价完整的研学线上流程系统，使研学旅行活动效果可视化。解决文化如何能更好地和研学旅行进行深度融合的困扰，促进研学旅行的监控管理，提高研学旅行的教育性、趣味性、学习性，增加学生们对研学旅行的兴趣。同时，学生在开展研学旅行活动中，可通过"乐游南宁"APP进行景区智能研学线路行程导览，智能机器人研学讲解，景区720°全景，在线机器人向导解说等研学智慧化服务。

D 景区预约入园创新

2020年4月，南宁市A级景区均免费入驻"乐游南宁"APP和微信小程序，并提供在线预约服务，引导游客预约入园、错峰出行，将景区流量管控的关口前置，变被动的现场分流为主动的前行计划和引导。疫情期间，"乐游南宁"累计完成了150多万人次的景区预约入园服务。

E 数据共享创新

"乐游南宁"APP及微信小程序通过数据接口的方式与"爱南宁"APP、南宁市人社一卡通平台实现了横向部门数据共享。景区入园实时预约数据和旅游产品数据共享给广西壮族自治区文化和旅游厅"一键游广西"智慧旅游平台，实现上下级部门数据共享，打破了"信息孤岛"，避免旅游信息系统的重复建设。

F 推广应用创新

"乐游南宁"APP及微信小程序项目以多个小程序为主要功能，深度融合线下旅游消费场景，联合微信公众号，直通车驿站、旅游集散地、微信、抖音的社交属性分享推广使用小程序。利用大数据统计分析，在机场、高铁站等地对外来人群以"问候短信"的方式进项目推广应用，向来南宁市游客推荐使用"乐游南宁"APP 及微信小程序。

6.3　广西文化和旅游发展存在的问题

6.3.1　资源开发不全面，区域旅游发展不平衡

广西少数民族文化资源丰富，如壮族三月三、刘三姐文化、"那"文化，壮医、瑶医、苗医等传统少数民族医药类非物质文化遗产，百色起义、龙州起义、湘江战役、桂林抗战文化等红色文化资源，《八桂文库》《广西历代方志集成》等珍贵古籍、史料资源，截至 2021 年 12 月，广西国家级非物质文化遗产代表性项目共 70 项，自治区级八批 914 项；有国家级非物质文化遗产代表性传承人 49人，自治区级 936 人。依托优良的生态环境，丰富的自然、人文旅游资源，广西已初步构建了"三地两带一中心"的旅游发展空间格局。即北部湾国际滨海度假胜地、巴马国际长寿养生旅游胜地、中越边关风情旅游带、西江生态旅游带、南宁区域性国际旅游中心城市。"十三五"时期，广西 A 级旅游景区总数为 597个；四星级以上酒店 130 家，旅行社总数为 881 家；三级以上城市旅游集散中心有 5 个；国家全域旅游示范区有 3 个，广西全域旅游示范区有 8 个，四星级以上乡村旅游区（农家乐）有 110 家。

广西的文化旅游资源未得到全面的开发和利用。主要体现在文化旅游资源缺乏深度开发、旅游基础设施和公共服务能力不足，部分地区旅游人次和收入较低，这些问题综合起来使得广西文化旅游产业的发展水平和质量受到一定程度的影响，致使不同地区旅游收入水平产生较大差异，这种不均衡的发展趋势也阻碍了文化旅游产业的高质量和可持续发展。如 2020 年，桂林和南宁的旅游收入分别为 1233.54 亿元和 1215.49 亿元，遥遥领先其他地区，而其他 12 个地级市旅游收入为 200 亿~600 亿元。

6.3.2　文旅融合深度不够，文旅产品层次不高

自 2018 年起，广西推出了"壮族三月三 相约游广西"文旅 IP 节庆活动宣传模式；南宁唱响了"老友南宁"文旅牌；桂林推出了《桂林千古情》《桂林有戏》《三生三世三千漓》等一批演艺项目，并建设了融创万达文旅城、三千漓山水人文度假区等一批大型旅游综合体。此外，柳州还推出了《洞穴·家园—柳州史前文化陈列》和螺蛳粉文化展览馆等多种文创产品，为游客带来更多精彩

体验。

尽管广西的文旅融合产品种类众多，但融合的深度和广度都不够，且缺乏创新意识。多元化创意、高科技元素在融合中的应用较少，产业链的纵向延伸也不够完善。旅游产品、工艺品、艺术作品、表演等转化为文化旅游产品的能力相对有限，缺乏具有竞争力和市场影响力的文旅融合产品。

目前，广西文旅融合产品存在诸多问题：一是没有形成完善的产品体系，比如文化内涵挖掘不够深入，产品类型较为单一，创新性不足，与市场需求结合度较低；二是文化旅游融资渠道单一，财政资金相对紧缺，社会资本介入较少；三是文旅融合体系不够完善，未能充分发挥广西特有少数民族文化旅游的发展潜力。

虽然文化产业和旅游产业属于不同的产业，但它们有许多相互融合、互相补充的空间。然而，目前文旅融合整体上处于初级发展阶段，文旅产业融合的思路、方法和方式等还有待于进一步深入研究，因此，主动对接国家战略，重视产业转型，紧跟市场需求，抓住区域特色，开发一批具有品牌影响力的文旅融合产品。

6.3.3 数字文旅效益不显著，缺乏专业人才

文化和旅游部、国家发展和改革委员会等部门发布了《关于推动数字文化产业高质量发展的意见》《关于深化"互联网+旅游"推动旅游业高质量发展的意见》等政策文件，从多个角度提出各地要积极推动文化和旅游产业数字化、网络化、智能化转型升级。近年来，随着数字化技术的普及和广泛应用，催生了 VR/AI 体验、灯光秀、"沉浸式"演艺等文旅新业态，但各地也频发跟风炒作、脱实向虚、名不副实、生搬硬套等现象，既背离了文旅与科技融合的初衷，还导致文旅产业陷入转型升级的新误区，给文旅产业转型升级带来了新的挑战。在这方面，广西也存在类似的问题。除此之外，数字化融合程度不高、数字经济企业活力不足、数字经济创新能力较弱、缺乏数字文旅专业人才等都是广西数字文旅存在的问题。

6.3.4 产品定位存在同质化，旅游目的地品牌影响力不足

随着我国文化旅游产品开发水平的不断提升，综合带动作用日益显现，在丰富旅游市场供给、拉动内需扩大消费、改善游客体验等方面发挥了重要作用。但同时也存在政策缺失、市场乏力、产品同质、人才匮乏等问题，阻碍着文化旅游产业的高质量发展。文化旅游产品的同质化问题正在影响游客的消费欲望。比如

"在不同的地方游玩，而买到或看到的旅游商品差不多，没有凸显当地特色"。因此，这种日渐增加的同质化问题，正在对游客的购买欲望产生负面影响。

广西文化资源虽然丰富，但在国内、国际上广西的旅游产品的品牌影响力不够，如壮族霜降节被联合国教科文组织列入"人类非物质文化遗产代表作名录"，"刘三姐歌谣"入选国家级非物质文化遗产代表性项目优秀保护实践案例，广西左江花山岩画文化景观被列入《世界遗产名录》，实现了广西世界文化遗产"零的突破"。然而，这些文旅产品或旅游景区，在国内外的知名度仍然不高，品牌影响力也不理想。因此，有必要提升其知名度和品牌影响力，以期获得更多的收益。

6.3.5 跨境文化旅游的深度和广度还有待进一步拓展

广西出台了《加快建设边关风情旅游带三年行动计划（2022—2024年）》，指出到2024年，边关风情旅游带（区域范围包括崇左市，防城港市防城区、东兴市，百色市靖西市、那坡县、德保县）旅游产业综合实力显著增强，服务品质明显提高，品牌形象深入人心，成为世界一流的边境旅游目的地。从旅游品牌提升行动、旅游业态升级行动、旅游环境优化行动、旅游环境优化行动四个方面18个任务进行了部署和安排。

近年来，随着国际区域一体化的持续深入，广西的跨境文化旅游得到了发展。然而，跨境文化旅游涉及问题的复杂性以及边境旅游基础设施建设不足、市场管理不健全、边境文化旅游资源开发利用不当等问题，仍然成为影响广西跨境文化旅游发展的突出障碍。广西跨境文化旅游存在的问题主要如下。

一是路线设计不够完善。由于广西地域较为广阔，跨境文化旅游路线设计不够科学、合理，极大地影响了游客跨境文化旅游的体验感和满意度。

二是服务水平不高。由于区域经济及数字文旅发展水平、质量的不均衡，致使跨境文化旅游服务水平不高，游客未能享受到高质量的服务。

三是资源利用不够充分。广西跨境文化旅游资源较为丰富，但是跨境文化旅游资源利用不够充分，开发的产品及精品旅游线路较少，使得游客无法充分体验到跨境文化旅游的多样性和旅游产品的高品质。

6.3.6 文化旅游竞争力有待提升，国际知名度不够

广西把文化旅游发展作为重要的发展战略，凭借丰富的文化旅游资源，吸引了越来越多的游客，文化旅游发展取得了显著成效。为此，广西积极推进文化旅游产业化，加大文化旅游项目的投资。同时，还提升文化旅游服务水平，改善游

客体验，提高游客满意度，为广西经济发展和社会文明建设作出了重要贡献。但是，广西文化旅游竞争力仍有待提升，国际知名度还不够响亮，主要表现在以下几个方面。

一是文化旅游资源的开发利用不够充分。目前，广西文化旅游资源的开发利用尚未充分发挥其潜力，高品质旅游资源的种类和数量不够丰富，利用效率和利用率也不够高。

二是文化旅游产品设计不够完善。广西文化旅游产品设计缺乏新颖性和创新性，缺乏吸引力，文化旅游产品的结构不够合理、行程安排不够科学，以及游客体验感不够深刻，这些都严重影响了文化旅游的发展。

三是文化旅游营销不够精细。广西文化旅游营销缺乏精细化管理，缺乏有效的营销活动，也缺乏多样的营销渠道，从而无法有效地向全球游客宣传广西的独特文化旅游资源。

四是文化旅游产品创新性不够。广西拥有能够满足游客多元化、个性化需求的文化旅游产品不多。

五是国际知名度不够响亮。目前，广西文化旅游的国际知名度尚不够高，国际知名的文化旅游品牌较少。

6.4 推进广西文化和旅游高质量发展的建议

6.4.1 整合文化旅游资源，优化空间格局

一是开展文化旅游资源调查，全面和准确掌握广西文化旅游资源赋存状况。通过组织实施文化旅游资源普查的安排部署，进一步摸清旅游资源家底，提高保护利用与管理水平，促进旅游业高质量发展。对照《旅游资源分类、调查与评价（GB/T 19872—2017）》等相关标准对广西范围内的旅游资源单体、旅游区资源分布、旅游资源组合等进行分类、调查、记录、评价，动态掌握区域范围内文化和旅游资源的数量、质量、等级、存续、保护和开发利用状况。

二是准确把握文化旅游空间发展格局演变及机制，进一步优化空间格局。通过全面收集的广西文化旅游进行空间格局演变及影响机制进行研究，掌握其发展的空间格局演变特征或规律，并理清影响机制，为新时期文化旅游高质量的发展提供数据支撑和理论依据。

三是加大政策的支持和资金的投入。对旅游效益较低的地区，应加大政策和资金支持，拓展文化旅游发展空间。如划拨一定的资金用于完善区域旅游基础设施和公共服务设施的建设，改善区域旅游发展的基础条件，加大文化旅游产业投资建设、减税、缓缴税费、金融支持等。

6.4.2 融合与协同发展，推进特色民族文化与旅游深度融合

一是强化顶层设计和整体统筹。党的二十大报告提出，坚持以文塑旅、以旅彰文，推进文化和旅游深度融合发展。近年来，广西在文旅融合方面，坚持以文塑旅、以旅彰文，制定出台了《广西壮族自治区文化和旅游发展"十四五"规划》，按照"三地两带一中心"的文化旅游发展新格局，提出了构建三大体系、打造六大品牌、推进十大工程，唱响"秀甲天下 壮美广西"文旅整体形象。制定的《广西"文旅+"产业融合培育新业态拓展新消费三年行动计划（2022—2024 年)》提出了 11 方面共 27 项重点任务，包括深化文化与旅游融合发展，要求健全产业融合发展机制等。

二是融入特有少数民族元素，突出文旅融合产品的特色。文化内涵是文旅融合产品不可或缺的元素，融入了文化内涵的产品会更加具有独特的价值和魅力。因此，在推进文旅融合产品的规划和开发时，应当深入挖掘广西特有的少数民族文化价值，形成差异化优势，满足游客对品质化、个性化和多样化的需求。如壮族三月三、"那"文化、长寿巴马、刘三姐等。同时，重视文旅产品与其他产品的有效组合，开发主题文旅融合和跨区域精品旅游线路，以此来突出产品的特色。比如将民俗活动、文化场馆、文创产品、非遗产品、科技产品、体育产品、工业产品等与旅游线路、旅游商品有机结合，满足文化旅游市场的需求。

三是培育和打造文旅融合知名品牌。品牌代表着质量与信誉，是提升文化旅游产品价值的关键。因此，依托广西特有的少数民族文化旅游资源，健全产业融合发展机制，吸引社会企业进行投资，引进国内外先进的文旅研发团队，注重多产业的融合与协同，打造具有广西特色的数字文旅新体验，提升文旅融合产品质量。

6.4.3 打造数字文旅新模式，开启"一键游广西"

一是整合文旅资源，接入"一键游广西"平台。近年来，广西制定的《深化"互联网+旅游"加快"一键游广西"项目建设方案》，提出打造数字文旅共享经济新模式，整合旅游行业"吃、住、行、游、购、娱"等要素，3 年内建成以"一云一池三平台"。《广西面向东盟的"数字丝绸之路"发展规划（2021—2025 年)》提出到 2025 年，初步建成具有国际竞争力和在中国—东盟区域有带动力的"数字丝绸之路"核心枢纽。为了进一步推动广西数字文旅的发展，各地统一利用已有的智慧旅游平台、大数据平台资源，建立全区应用平台、数据库和智慧旅游品牌。A 级旅游景区、国家/省级旅游度假区、星级乡村旅游区、星

级农家乐、星级旅游饭店、特色民宿、演艺机构、文化场馆、汽车旅游营地、旅行社、特色旅游商店、特色餐饮企业等加入"一键游广西"项目，以促进全区旅游业的可持续发展。

二是统一管理和营销。建立相关的业务标准和规范，统一进行营销和支付管理，例如提供"收款码"、营销工具等，以促进文旅企业与消费者之间有效的沟通与交流。此外，还要整合文化和旅游行政管理业务系统，建设区域文旅产业数字化平台，实现数据共享。

三是培养数字文旅专业人才。首先，根据人才发展规律和教育教学的特点，联合产学研各主体制定人才培养方案，明确各主体间的责任分工，强化统筹发展理念。其次，以产业发展需要为导向，加强文旅企业、高校和研发机构之间的合作，以项目为纽带，在实践中强化从业人员的知识应用能力和团队协作能力。最后，做好与企业的有效对接，搭建科研成果转化服务平台，为文旅科技成果的实验、开发与应用提供支撑。

6.4.4 注重文化旅游品牌影响力，提升市场影响力

一是利用大数据洞察市场需求，设计差异化的产品。利用大数据洞察旅游市场需求，设计出差异化的旅游产品，是保证旅游产品可持续发展的关键所在。以"一键游广西"或国内外知名的旅游平台为数据源，可以对各类旅游市场进行全面的梳理和提炼，更好地掌握不同区域游客对产品的需求及偏好，结合对细分市场游客动机进行深入研究，为不同市场客群提供差异化的旅游产品。因此，文化旅游产品开发和设计必须紧跟市场需求，通过对同地区、同类型文化旅游产品进行充分的竞合分析，在线路联动与资源优势互补的基础上，精心打造差异化的市场定位和独特的产品吸引力，从而实现文化旅游产品的精准营销。

二是注重旅游目的地品牌的持久建设。旅游目的地发展阶段和市场需求是动态变化的，因此旅游目的地品牌在建设中需要紧跟时代脚步和游客需求，进行持续不断的创新和运营管理。旅游目的地在品牌打造过程中，既要将原有品牌根据时代发展赋予其新的内涵和内容，也要随着市场需求的变化，在品牌中不断加入新元素，或者重新定位，以使旅游目的地品牌形象在核心客群中始终保持高占有率。因此，要创新文化和旅游发展机制，突出壮族元素，进一步提升"秀甲天下壮美广西"品牌影响力。

6.4.5 推动民族文化对外交流和旅游推广

一是深化国际文旅合作，打造跨境旅游典范。近期，中越双方签订了《关于

进一步加强和深化中越全面战略合作伙伴关系的联合声明》，中越双方同意推动落实《合作保护和开发板约（德天）瀑布旅游资源协定》，努力推动板约（德天）瀑布尽快面向两国游客试运营，打造跨境旅游和绿色旅游典范。双方同意，实施好中越文化和旅游合作执行计划双方将积极落实好中越自驾游线路规划、设置和安全保障，推动中国广西—越南谅山跨国自驾游线路常态化运行；提高跨境旅游通行证办证效率，对跨境旅游团成员的预审、办证等推出一系列高效便捷举措，实现跨境旅游网上预约，进一步简化跨境旅游业务办理环节；完善合作区基础配套设施，提升出入境旅客联检设备，推进中越跨境旅游出入境通关便利化。

二是全力打造入境游强区。强化南向开放，做好产业开拓和旅游外交大文章。办好国际会议（展），即中国—东盟文化论坛（南宁论坛）、联合国世界旅游组织/亚太旅游协会旅游趋势与展望国际论坛（桂林论坛）、中国—东盟传统医药健康旅游国际论坛（巴马论坛），在国际文化和旅游合作发展中展示广西形象。这些论坛的举办将有助于推动广西跨境旅游的发展，促进与东盟国家的文化旅游交流，促进广西的经济发展。

三是优化跨境旅游政策。为进一步促进广西文化旅游的发展，应积极推广便利化政策，比如与东盟国家签订入境免签政策，合作开展旅游交通建设，以便游客更便捷地办理出游手续以及选择更多的出游方式；实施境外游客购物离境退税政策，以鼓励外国游客购买中国特色文化旅游商品。同时，采取多种措施，持续改善和优化跨境旅游合作环境，提升服务质量，以期实现广西跨境旅游质量的提升和空间扩展。

6.4.6 全力打造世界级旅游目的地建设，引领文化旅游高质量发展

广西出台的《关于加快建设世界旅游目的地推动旅游业高质量发展的意见》中指出，到 2025 年，广西世界旅游目的地建设取得重大进展，初步形成具有全球吸引力的旅游产品体系，旅游服务质量大幅提升，旅游治理现代化水平显著提高，旅游经济主要指标稳居全国第一方阵，年接待游客达到 8 亿人次以上，年旅游总收入达到 1.1 万亿元以上。到 2035 年，广西旅游业世界影响力和竞争力显著提升，对全区经济社会发展推动作用更加有力，成为世界旅游目的地。

广西文化和旅游高质量发展建议如下。

一是充分挖掘和利用文化旅游资源。加大文化旅游资源的开发利用力度，以提升文化旅游资源的品质和种类，提高利用效率和利用率，实现文化旅游资源的有效利用。

二是探索文旅融合新模式。应该加强产品设计，突出文化特色，构建多元化的文化旅游产品，提升游客的体验感，为游客提供更好的服务，促进文化旅游的

发展。

三是创新宣传推广方式。为了更好地吸引国内外游客，广西还需加强文化旅游营销的宣传，提升文化旅游知名度，以期让更多游客认识到广西的文化旅游资源，让更多人参与到文化旅游的活动中来，从而实现文化旅游营销的有效实施。

四是持续推进文化旅游产品创新。旅游产品创新是提升文化旅游质量、拓展文化旅游市场的关键手段，也是促进文化旅游发展的必要条件。

五是以桂林世界级旅游城市为契机，提升广西文化旅游品牌影响力和知名度。为了提升广西文化旅游的国际知名度，广西需要采取一系列措施。首先，要加大宣传力度，将广西的文化旅游资源向全世界展示，让更多人认识到广西文化旅游的独特魅力，使之成为一个具有国际影响力的文化旅游目的地。其次，要加强与国际旅游组织的合作，提升服务水平，提供更优质的服务，满足国际游客的需求，吸引更多的国际游客前来参观游览。此外，广西还可以加强与国际文化旅游组织的交流与合作，共同推动文化旅游的发展，提高广西文化旅游的国际知名度。

附　　录

附录A　广西A级旅游景区名录

附表　广西2021年A级旅游景区名录

序号	景区名称	所在地市	等级
1	南宁青秀山风景旅游区	南宁市青秀区	5A
2	南宁嘉和城景区	南宁市兴宁区	4A
3	南宁九曲湾温泉景区	南宁市兴宁区	4A
4	广西八桂田园	南宁市西乡塘区	4A
5	南宁市动物园	南宁市西乡塘区	4A
6	广西药用植物园	南宁市兴宁区	4A
7	南宁大明山风景旅游区	南宁市武鸣区	4A
8	广西科技馆	南宁市青秀区	4A
9	广西民族博物馆	南宁市青秀区	4A
10	南宁市乡村大世界景区	南宁市兴宁区	4A
11	南宁市武鸣区伊岭岩景区	南宁市武鸣区	4A
12	南宁市良凤江森林旅游区	南宁市经开区	4A
13	广西规划馆景区	南宁市良庆区	4A
14	南宁市民歌湖景区	南宁市青秀区	4A
15	隆安县龙虎山旅游景区	南宁市隆安县	4A
16	南宁市凤岭儿童公园	南宁市青秀区	4A
17	南宁马山金伦洞景区	南宁市马山县	4A
18	上林县金莲湖景区	南宁市上林县	4A
19	南宁市人民公园	南宁市兴宁区	4A
20	南宁花花大世界景区	南宁市武鸣区	4A

续附表

序号	景区名称	所在地市	等级
21	南宁昆仑关旅游风景区	南宁市兴宁区	4A
22	南宁上林县大龙湖景区	南宁市上林县	4A
23	九龙瀑布景区	南宁市横州市	4A
24	水锦·顺庄	南宁市马山县	4A
25	龙门水都景区	南宁市西乡塘区	4A
26	广西马山弄拉旅游景区	南宁市马山县	4A
27	南宁园博园景区	南宁市邕宁区	4A
28	南宁万达茂景区	南宁市邕宁区	4A
29	南宁市那贵坡樱花园	南宁市邕宁区	4A
30	南宁金花茶公园	南宁市青秀区	4A
31	广西百益上河城旅游景区	南宁市江南区	4A
32	邕宁区蒲津公园	南宁市邕宁区	4A
33	融晟天河海悦城	南宁市江南区	4A
34	南宁花雨湖生态休闲旅游区	南宁市青秀区	4A
35	古辣稻花香里旅游区	南宁市宾阳县	4A
36	广西高峰森林公园	南宁市兴宁区	4A
37	江宇梦想小镇	南宁市武鸣区	4A
38	秀美邕江·邕州古韵旅游景区	南宁市西乡塘区	4A
39	上林县大庙江生态旅游景区	南宁市上林县	4A
40	五象湖公园	南宁市良庆区	4A
41	顶蛳山田园风光区	南宁市邕宁区	4A
42	会展·东博文化旅游区	南宁市青秀区	4A
43	横县西津湖景区	南宁市横州市	3A
44	南宁市大王滩风景区	南宁市良庆区	3A
45	南宁市凤凰谷景区	南宁市兴宁区	3A
46	南宁海底世界景区	南宁市兴宁区	3A
47	南宁金湖地王云顶观光旅游景区	南宁市青秀区	3A
48	宾阳县白鹤观旅游度假区	南宁市宾阳县	3A
49	南宁市华南城景区	南宁市江南区	3A

序号	景区名称	所在地市	等级
50	上林县鼓鸣寨养生旅游度假区	南宁市上林县	3A
51	上林县禾田农耕文化园	南宁市上林县	3A
52	上林县霞客桃源壮乡旅游度假区	南宁市上林县	3A
53	南宁市江南区扬美古镇景区	南宁市江南区	3A
54	横县中华茉莉园景区	南宁市横州市	3A
55	上林县万古茶园景区	南宁市上林县	3A
56	横县莲塘圣茶谷景区	南宁市横州市	3A
57	南宁市狮山公园	南宁市兴宁区	3A
58	广西农垦明阳向阳红现代农业庄园	南宁市经开区	3A
59	南宁海王生命与健康科普馆	南宁市经开区	3A
60	广西金花茶业工业旅游园	南宁市横州市	3A
61	横县西津国家湿地公园沙埠景区	南宁市横州市	3A
62	马山县三甲攀岩小镇	南宁市马山县	3A
63	马山县小都百旅游景区	南宁市马山县	3A
64	马山县灵阳寺旅游景区	南宁市马山县	3A
65	马山县古朗瑶乡金银花公园	南宁市马山县	3A
66	南宁市新秀公园	南宁市西乡塘区	3A
67	广西香流溪谷农业生态旅游区	南宁市邕宁区	3A
68	徐汉林红色教育基地示范点	南宁市邕宁区	3A
69	南宁不孤湖景区	南宁市邕宁区	3A
70	横县顺来茉莉花茶展览馆	南宁市横州市	3A
71	南宁市江南公园	南宁市江南区	3A
72	西乡塘区芦仙山风景区	南宁市西乡塘区	3A
73	西乡塘区美丽南方老木棉·匠园	南宁市西乡塘区	3A
74	南宁市花卉公园	南宁市西乡塘区	3A
75	南宁博物馆	南宁市良庆区	3A
76	武鸣区大明山汉江欢乐谷	南宁市武鸣区	3A
77	振林·澳益渔耕新韵扶贫庄园	南宁市上林县	3A
78	福人湖生态旅游区	南宁市上林县	3A

续附表

序号	景区名称	所在地市	等级
79	卡拉奇遇工业旅游景区	南宁市青秀区	3A
80	南宁289上海天地	南宁市青秀区	3A
81	明秀园	南宁市武鸣区	3A
82	雪松灵水壮乡文化小镇	南宁市武鸣区	3A
83	亭子码头	南宁市江南区	3A
84	南宁孔庙博物馆	南宁市青秀区	3A
85	起凤山	南宁市武鸣区	3A
86	古辣镇大陆村稻田艺术景区	南宁市宾阳县	3A
87	程思远故居	南宁市宾阳县	3A
88	伏波景区	南宁市横州市	3A
89	桂合蚕桑丝绸生产体验园	南宁市邕宁区	3A
90	南宁剧场	南宁市江南区	3A
91	那马那居康养旅游度假区	南宁市良庆区	3A
92	广西文化艺术中心	南宁市良庆区	3A
93	广西美术馆	南宁市良庆区	3A
94	绿地缤纷天地特色街区	南宁市良庆区	3A
95	北海涠洲岛南湾鳄鱼山景区	北海市	5A
96	北海银滩景区	北海市	4A
97	北海海底世界	北海市	4A
98	北海海洋之窗	北海市	4A
99	北海老城景区	北海市	4A
100	北海金海湾红树林生态旅游区	北海市	4A
101	北海园博园	北海市	4A
102	北海汉闾文化园	北海市	4A
103	涠洲岛圣堂景区	北海市	4A
104	星岛湖景区	北海市	4A
105	《印象·1876》北海历史文化景区	北海市	4A
106	合浦县东园家酒产业园	北海市	4A
107	月饼小镇	北海市	4A

续附表

序号	景区名称	所在地市	等级
108	海丝首港·合浦始发港景区	北海市	4A
109	海上丝路文化遗址公园	北海市	4A
110	高德古镇	北海市	4A
111	北海银基国际旅游度假区	北海市	4A
112	大江埠民俗风情村	北海市	3A
113	北海南珠博物馆	北海市	3A
114	北海贝雕博物馆	北海市	3A
115	槐园景区	北海市	3A
116	合浦县观音山生态旅游区	北海市	3A
117	合浦县东坡亭景区	北海市	3A
118	合浦县古海角景区	北海市	3A
119	合浦县曲樟客家土围城	北海市	3A
120	合浦县永安大士阁景区	北海市	3A
121	合浦县梦唤滨海体育文化园	北海市	3A
122	涠洲岛石螺口景区	北海市	3A
123	涠洲岛滴水丹屏景区	北海市	3A
124	白龙珍珠城景区	北海市	3A
125	北海生巴达科技旅游区	北海市	3A
126	海丝首港·外沙码头景区	北海市	3A
127	疍家小镇	北海市	3A
128	桂平西山风景名胜区	贵港市	4A
129	广西龙潭国家森林公园	贵港市	4A
130	太平天国金田起义地址景区	贵港市	4A
131	桂平市西山泉旅游度假景区	贵港市	4A
132	雄森动物大世界	贵港市	4A
133	平南县龚州公园	贵港市	4A
134	北帝山旅游区	贵港市	4A
135	平南县峒美生态乐园景区	贵港市	4A
136	平南佛子岭旅游康养度假区	贵港市	4A

续附表

序号	景区名称	所在地市	等级
137	贵港园博园	贵港市	4A
138	广西平天山国家森林公园	贵港市	4A
139	荷美覃塘景区	贵港市	4A
140	九凌湖旅游风景区	贵港市	4A
141	桂平市北回归线标志公园	贵港市	3A
142	桂平市大藤峡景区	贵港市	3A
143	桂平市中山公园	贵港市	3A
144	桂平市滨江文化公园	贵港市	3A
145	桂平市革命烈士纪念碑公园	贵港市	3A
146	桂平市东塔景区	贵港市	3A
147	桂平市罗丛岩景区	贵港市	3A
148	平南大安古建筑群景区	贵港市	3A
149	平南梁嵩状元纪念馆景区	贵港市	3A
150	平南安怀石硖龙眼生态旅游景区	贵港市	3A
151	平南大新石硖龙眼母本园景区	贵港市	3A
152	平南大五顶森林养生景区	贵港市	3A
153	平南都兴屯黄花岗烈士公园	贵港市	3A
154	平南大玉余甘果生态园景区	贵港市	3A
155	平南畅岩怀古景区	贵港市	3A
156	平南江北诗词文化公园	贵港市	3A
157	贵港市马草江生态公园	贵港市	3A
158	贵港市民族文化公园	贵港市	3A
159	贵港市博物馆	贵港市	3A
160	贵港市体育中心	贵港市	3A
161	贵港市青牛谷景区	贵港市	3A
162	贵港市凉水山景区	贵港市	3A
163	贵港市达开湖景区河净片区	贵港市	3A
164	贵港市龙岩景区	贵港市	3A
165	港南区谭寿林故居景区	贵港市	3A

续附表

序号	景区名称	所在地市	等级
166	梦幻冲口景区	贵港市	3A
167	新塘草坪旅游区	贵港市	3A
168	香江竞渡景区	贵港市	3A
169	覃塘花山茶海景区	贵港市	3A
170	覃塘凤凰山景区	贵港市	3A
171	覃塘古风岩景区	贵港市	3A
172	覃塘三里罗村景区	贵港市	3A
173	覃塘五指山景区	贵港市	3A
174	覃塘布山古郡景区	贵港市	3A
175	覃塘区凌动世外桃源景区	贵港市	3A
176	贺州市博物馆	贺州市	3A
177	客家围屋	贺州市	3A
178	西溪森林温泉度假邨	贺州市	4A
179	大桂山国家森林公园	贺州市	4A
180	玉印浮山	贺州市	3A
181	姑婆山景区	贺州市	4A
182	十八水景区	贺州市	4A
183	玉石林景区	贺州市	4A
184	紫云仙境景区	贺州市	3A
185	贺州博学园	贺州市	3A
186	平桂区体育文化中心景区	贺州市	3A
187	神仙湖景区	贺州市	4A
188	生态高值农业科技示范园	贺州市	4A
189	神剑石林	贺州市	4A
190	富川瑞光公园景区	贺州市	3A
191	富川秀水状元村景区	贺州市	3A
192	富川罗丰景区	贺州市	3A
193	富川古明城景区	贺州市	3A
194	贺州市华润循环经济工业旅游区	贺州市	3A

续附表

序号	景区名称	所在地市	等级
195	钟山百里水墨画廊景区	贺州市	4A
196	中共广西壮族自治区工委纪念园景区	贺州市	4A
197	钟山状元峰景区	贺州市	3A
198	钟山石龙乡贤文化旅游景区	贺州市	3A
199	钟山县大田古村景区	贺州市	3A
200	黄姚古镇景区	贺州市	4A
201	黄姚诗画姚江景区	贺州市	3A
202	故乡茶博园	贺州市	3A
203	桂江生态旅游景区	贺州市	4A
204	走马观画无边界景区	贺州市	3A
205	南山茶海景区	贺州市	4A
206	来宾市桂中水城盘古文化公园	来宾市兴宾区	3A
207	来宾市金海公园	来宾市兴宾区	2A
208	蓬莱洲（时光岛）旅游度假区	来宾市兴宾区	3A
209	来宾市象州古象旅游区	来宾市象州县	4A
210	象州凉泉景区	来宾市象州县	2A
211	象州县象郡文化公园	来宾市象州县	3A
212	来宾市象州县罗秀镇纳禄景区	来宾市象州县	3A
213	武宣县百崖大峡谷景区	来宾市武宣县	3A
214	武宣县文庙景区	来宾市武宣县	3A
215	武宣县下莲塘景区	来宾市武宣县	4A
216	武宣县东乡红色旅游区	来宾市武宣县	4A
217	武宣县八仙天池景区	来宾市武宣县	4A
218	广西壮族自治区来宾市忻城县盘鹤岭森林公园	来宾市忻城县	3A
219	忻城薰衣草庄园景区	来宾市忻城县	4A
220	广西壮族自治区来宾市忻城县神秘湖景区	来宾市忻城县	3A
221	广西壮族自治区来宾市忻城县忻城马泗都宜忻革命根据地景区	来宾市忻城县	3A
222	忻城莫土司衙署景区	来宾市忻城县	4A

序号	景区名称	所在地市	等级
223	忻城县乐滩竹海景区	来宾市忻城县	4A
224	圣堂湖景区	来宾市金秀县	4A
225	莲花山景区	来宾市金秀县	4A
226	山水瑶城景区	来宾市金秀县	4A
227	圣堂山景区	来宾市金秀县	4A
228	青山瀑布景区	来宾市金秀县	3A
229	银杉森林公园景区	来宾市金秀县	4A
230	古沙沟景区	来宾市金秀县	4A
231	合山市国家矿山公园（里兰园区）	来宾市合山市	3A
232	合山市红河公园景区	来宾市合山市	3A
233	合山市奇石文化公园	来宾市合山市	3A
234	合山市百年老矿．第一口井历史文化景区	来宾市合山市	3A
235	广西合山虎鹰工业旅游景区	来宾市合山市	3A
236	合山市国家矿山公园	来宾市合山市	4A
237	玉林云天旅游文化城	玉林	4A
238	六万大山森林公园	玉林	4A
239	龟山公园景区	玉林市玉东新区	3A
240	狮子山公园景区	玉林市玉东新区	3A
241	玉林市园博园	玉林	3A
242	玉林市博物馆	玉林	3A
243	玉林欢天喜地园艺场	玉林	2A
244	广西玉林"五彩田园"现代特色农业示范区	玉林	4A
245	玉林市福达克拉湾	玉林	4A
246	陆川县龟岭谷生态旅游景区	玉林	3A
247	陆川县龙颈瀑布旅游景区	玉林	3A
248	陆川世客城	玉林	3A
249	陆川龙珠湖风景名胜区	玉林	3A
250	水月岩旅游景区	玉林	3A
251	玉林市陆川谢鲁山庄风景名胜区	玉林	4A

续附表

序号	景区名称	所在地市	等级
252	玉林容州古城	玉林	4A
253	玉林容县都峤山风景区	玉林	4A
254	玉林容州·民国小镇	玉林	4A
255	容县天堂湖温泉度假山庄	玉林	3A
256	容县抗日烈士纪念馆	玉林	3A
257	容县兰花生态园	玉林	3A
258	南方黑芝麻博物馆	玉林	3A
259	容县黄绍竑故居	玉林	3A
260	都峤山森林公园	玉林	3A
261	容县沙田柚王国	玉林	3A
262	绿碧山	玉林	3A
263	冠堂红色革命教育基地	玉林	3A
264	大容山国家森林公园	玉林北流市	4A
265	广西铜石岭国际旅游度假区	玉林北流市	4A
266	北流市陶瓷小镇	玉林北流市	4A
267	北流市会仙河公园	玉林北流市	4A
268	北流市城西公园	玉林北流市	3A
269	北流市陶瓷名城	玉林北流市	3A
270	梧村狮子峰生态旅游区	玉林北流市	3A
271	广西北流市扶新佰仁生态旅游风景区	玉林北流市	3A
272	金斗岭生态旅游区	玉林北流市	3A
273	北流市九龙湾生态旅游度假区	玉林北流市	3A
274	北流市勾漏洞风景名胜区管理委员会	玉林北流市	3A
275	北流市容心谷生态旅游度假区	玉林北流市	3A
276	宴石山风景区	玉林	3A
277	德天跨国瀑布景区	崇左市	5A
278	大新县明仕景区	崇左市	4A
279	崇左大新德天．老木棉景区	崇左市	4A
280	大新县安平仙河景区	崇左市	4A

序号	景区名称	所在地市	等级
281	大新县大阳幽谷景区	崇左市	4A
282	崇左白头叶猴生态旅游区	崇左市	4A
283	崇左左江斜塔景区	崇左市	4A
284	崇左石景林·园博园	崇左市	4A
285	崇左市江州区雨花石景区	崇左市	4A
286	国际·如意岛生态景区	崇左市	4A
287	天等丽川文化森林公园	崇左市	4A
288	龙州起义纪念馆	崇左市	4A
289	大新龙宫仙境景区	崇左市	4A
290	小连城	崇左市	4A
291	发现弄岗景区	崇左市	4A
292	左江景区	崇左市	4A
293	崇左市凭祥市友谊关景区	崇左市	4A
294	崇左市凭祥红木文博城景区	崇左市	4A
295	大连城景区	崇左市	4A
296	宁明县花山景区	崇左市	4A
297	广西派阳山森林公园	崇左市	4A
298	龙谷湾景区	崇左市	4A
299	太平古城景区	崇左市	4A
300	龙州县跑马洞景区	崇左市	3A
301	天等县都康田园景区	崇左市	3A
302	天等县天椒乐园	崇左市	3A
303	胡志明展馆	崇左市	3A
304	龙州县业秀园景区	崇左市	3A
305	龙州（水陇—甫茶）红军路景区	崇左市	3A
306	独山景区	崇左市	3A
307	凭祥市浦寨文化旅游不夜城景区	崇左市	3A
308	凭祥市世界珍稀林木生态园景区	崇左市	3A
309	凭祥市兰花谷景区	崇左市	3A

续附表

序号	景区名称	所在地市	等级
310	凭祥市平岗岭地下长城景区	崇左市	3A
311	凭祥市城市规划展览馆	崇左市	3A
312	凭祥市白云山生态公园	崇左市	3A
313	宁明县狮子头森林公园	崇左市	3A
314	崇左市壮族博物馆	崇左市	3A
315	大新县小灵珑景区	崇左市	3A
316	大新县黑水河景区	崇左市	3A
317	大新县凤凰岭景区	崇左市	3A
318	炎鑫景区	崇左市	3A
319	逐羊景区	崇左市	3A
320	天等县立屯天梦景区	崇左市	3A
321	凭祥市华夏龟谷生态旅游度假区	崇左市	3A
322	骑楼城-龙母庙	梧州市	4A
323	白云山	梧州市	4A
324	中山公园	梧州市	4A
325	梧州军事体育文化园	梧州市	4A
326	珠山公园	梧州市	3A
327	菌会会蘑菇小院	梧州市	3A
328	茂圣六堡茶业文化中心	梧州市	3A
329	神冠胶原蛋白文化博览中心	梧州市	3A
330	梧州学院博物馆	梧州市	3A
331	甜蜜家生态蜂业园	梧州市	3A
332	梧州市太和公园（梧州动物园）	梧州市	3A
333	梧州市玫瑰湖公园	梧州市	4A
334	苍海旅游区	梧州市	4A
335	李济深故里文化旅游区	梧州市	4A
336	苍梧县六堡茶生态旅游景区	梧州市	4A
337	天龙顶山地公园	梧州市	4A
338	东山文化公园	梧州市	4A

序号	景区名称	所在地市	等级
339	石表山景区	梧州市	4A
340	永安王城景区	梧州市	4A
341	长坪水韵瑶寨景区	梧州市	4A
342	梁羽生公园	梧州市	4A
343	天书侠谷景区	梧州市	4A
344	夏宜醉美瑶乡景区	梧州市	3A
345	西炮台公园	梧州市	3A
346	石燕山景区	梧州市	3A
347	古皮橙柿亲情谷	梧州市	3A
348	东乡积翠景区	梧州市	3A
349	羽生谷休闲养生基地	梧州市	3A
350	丝绸工业旅游景区	梧州市	3A
351	蝴蝶谷景区	梧州市	3A
352	钦州三娘湾景区	钦州市	4A
353	钦州刘冯故居景区	钦州市	4A
354	钦州八寨沟旅游景区	钦州市	4A
355	钦州市浦北县五皇山景区	钦州市	4A
356	钦州园博园景区	钦州市	4A
357	钦州市灵山县六峰山风景名胜区	钦州市	4A
358	钦州市浦北县越州天湖景区	钦州市	4A
359	钦州市林湖森林公园	钦州市	4A
360	钦州市大芦古村文化生态旅游区	钦州市	4A
361	钦州市那雾山森林公园	钦州市	4A
362	神蜉酒庄园	钦州市	4A
363	钦州老街景区	钦州市	4A
364	钦州龙门群岛海上生态公园	钦州市	3A
365	钦州市浦北县文昌景区	钦州市	3A
366	钦州市浦北县大朗书院景区	钦州市	3A
367	钦州坭兴陶艺术馆	钦州市	3A

续附表

序号	景区名称	所在地市	等级
368	钦州市登峰陶艺馆	钦州市	3A
369	广西钦州保税港区国际商品直销中心旅游景区	钦州市	3A
370	钦州市白石湖景区	钦州市	3A
371	钦州市钦北区碗窑梨花谷景区	钦州市	3A
372	广西钦州市浦北县公猪脊景区	钦州市	3A
373	北部湾大学景区	钦州市	3A
374	中国广西东盟商贸城	钦州市	3A
375	钦州市千年古陶城景区	钦州市	3A
376	钦州市浦北县柑子根党支部旧址景区	钦州市	3A
377	钦州湾辣椒槌滨海旅游度假区	钦州市	3A
378	广西钦州北部湾望海岭国际滑翔伞基地	钦州市	3A
379	广西钦州林湖自治区级森林公园王岗山景区	钦州市	3A
380	浦北县博物馆	钦州市	3A
381	浦北小江瓷艺术馆	钦州市	3A
382	萍塘古村红色文化旅游区	钦州市	3A
383	中国（广西）自由贸易试验区钦州港片区孔雀湾旅游景区	钦州市	3A
384	钦州市北部湾坭兴玉陶景区	钦州市	2A
385	钦州市灵山县锦泉生态旅游度假村	钦州市	2A
386	柳州龙潭景区	柳州市	4A
387	柳侯公园	柳州市	4A
388	柳州市立鱼峰风景区	柳州市	4A
389	三江程阳侗族八寨景区	柳州市	4A
390	柳州博物馆	柳州市	4A
391	广西鹿寨香桥岩风景区	柳州市	4A
392	柳州市三江县丹洲景区	柳州市	4A
393	柳州文庙景区	柳州市	4A
394	柳州城市规划展览馆	柳州市	4A
395	柳州市马鹿山奇石博览园景区	柳州市	4A

续附表

序号	景区名称	所在地市	等级
396	柳州市三江县大侗寨景区	柳州市	4A
397	柳州市工业博物馆景区	柳州市	4A
398	柳州市百里柳江旅游景区	柳州市	4A
399	柳州市园博园景区	柳州市	4A
400	柳州市融安石门仙湖旅游景区	柳州市	4A
401	柳州柳城县知青城景区	柳州市	4A
402	柳州市都乐岩景区	柳州市	4A
403	柳州市融水·元宝山龙女沟景区	柳州市	4A
404	柳江区凤凰河生态旅游度假区	柳州市	4A
405	柳州市动物园	柳州市	4A
406	柳州融水·民族体育公园	柳州市	4A
407	柳州市融水县老君洞景区	柳州市	4A
408	柳州市雀儿山公园景区	柳州市	4A
409	三江县仙人山景区	柳州市	4A
410	融水双龙沟原始森林度假区	柳州市	4A
411	柳州螺蛳粉产业园旅游景区	柳州市	4A
412	祥荷乡韵景区	柳州市	4A
413	卡乐星球欢乐世界旅游景区	柳州市	4A
414	鹿寨县中渡古镇	柳州市	4A
415	广西柳工机械股份有限公司旅游景区	柳州市	4A
416	上汽通用五菱宝骏基地	柳州市	4A
417	仙草堂生态灵芝透明工厂	柳州市	4A
418	克里湾水乐园	柳州市	4A
419	梦鸣苗寨民俗文化体验园	柳州市	4A
420	螺蛳粉小镇	柳州市	4A
421	白莲洞洞穴科学博物馆	柳州市	4A
422	百朋荷苑景区	柳州市	4A
423	月也侗寨	柳州市	4A
424	岜公塘公园景区	柳州市	4A

序号	景区名称	所在地市	等级
425	东方梦工场—柳空文创园	柳州市	4A
426	山岔湾景区	柳州市	4A
427	古岭龙景区	柳州市	4A
428	三江侗天宫文化景区	柳州市	4A
429	柳州花果山生态景区	柳州市	3A
430	三江石门冲景区	柳州市	3A
431	柳州市君武森林公园景区	柳州市	3A
432	鹿寨月岛湖景区	柳州市	3A
433	融水雨卜苗寨景区	柳州市	3A
434	融水老子山景区	柳州市	3A
435	融水县田头苗寨景区	柳州市	3A
436	柳城县红马山景区	柳州市	3A
437	柳州市万聚休闲农庄	柳州市	3A
438	三江县冠洞景区	柳州市	3A
439	柳州柳城古砦仫佬族乡民俗风情旅游区	柳州市	3A
440	融水县龙宝大峡谷景区	柳州市	3A
441	融水县石上人家景区	柳州市	3A
442	三江县产口景区	柳州市	3A
443	三江县侗族博物馆	柳州市	3A
444	融安县沙子石岩生态旅游景区	柳州市	3A
445	融水田塘瑶寨景区	柳州市	3A
446	鹿寨拉沟乡五家景区	柳州市	3A
447	鹿寨县鹿鸣谷景区	柳州市	3A
448	鹿寨县笑缘景区	柳州市	3A
449	鹿寨县文化艺术中心	柳州市	3A
450	鹿寨县山楂之恋景区	柳州市	3A
451	融水·西洞景区	柳州市	3A
452	桂林漓江景区	桂林市	5A
453	桂林两江四湖·象山景区	桂林市	5A

序号	景区名称	所在地市	等级
454	桂林独秀峰–王城景区	桂林市秀峰区	5A
455	桂林乐满地休闲世界	桂林市兴安县	5A
456	七星景区	桂林市七星区	4A
457	桂林穿山景区	桂林市七星区	4A
458	桂林尧山景区	桂林市七星区	4A
459	桂林市南溪山景区	桂林市象山区	4A
460	芦笛景区	桂林市秀峰区	4A
461	桂林经典刘三姐大观园景区	桂林市秀峰区	4A
462	桂林桂花公社景区	桂林市秀峰区	4A
463	桂林西山景区	桂林市秀峰区	4A
464	桂林冠岩景区	桂林市雁山区	4A
465	桂林愚自乐园艺术园	桂林市雁山区	4A
466	桂林旅苑景区	桂林市雁山区	4A
467	桂林在水一泫景区	桂林市临桂区	4A
468	桂林新区环城水系景区	桂林市临桂区	4A
469	桂林罗山湖玛雅水上乐园景区	桂林市临桂区	4A
470	桂林红溪景区	桂林市临桂区	4A
471	桂林世外桃源旅游区	桂林市阳朔县	4A
472	阳朔图腾古道–聚龙潭景区	桂林市阳朔县	4A
473	桂林阳朔县蝴蝶泉旅游景区	桂林市阳朔县	4A
474	阳朔西街景区	桂林市阳朔县	4A
475	诗画遇龙景区	桂林市阳朔县	4A
476	阳朔三千漓中国山水人文度假区	桂林市阳朔县	4A
477	红军长征突破湘江烈士纪念碑园景区（红色景区）	桂林市兴安县	4A
478	兴安灵渠景区	桂林市兴安县	4A
479	桂林市猫儿山景区	桂林市兴安县	4A
480	老山界龙潭江景区	桂林市兴安县	4A
481	桂林龙胜温泉旅游度假区	桂林市龙胜县	4A
482	龙胜龙脊梯田景区	桂林市龙胜县	4A

续附表

序号	景区名称	所在地市	等级
483	桂林银子岩旅游度假区	桂林市荔浦市	4A
484	桂林丰鱼岩旅游度假区	桂林市荔浦市	4A
485	荔水青山·荔江国家湿地公园	桂林市荔浦市	4A
486	荔浦荔江湾景区	桂林市荔浦市	4A
487	恭城三庙两馆景区	桂林市恭城县	4A
488	恭城红岩村景区	桂林市恭城县	4A
489	红军长征湘江战役新圩狙击战纪念园（红色景区）	桂林市灌阳县	4A
490	灌阳千家洞文旅度假区	桂林市灌阳县	4A
491	灵川县大圩古镇景区	桂林市灵川县	4A
492	灵川县漓水人家景区	桂林市灵川县	4A
493	桂林古东瀑布景区	桂林市灵川县	4A
494	桂林市逍遥湖景区	桂林市灵川县	4A
495	大碧头国际旅游度假区	桂林市全州县	4A
496	红军长征湘江战役纪念园（红色景区）	桂林市全州县	4A
497	桂林全州县湘山·湘源历史文化旅游区	桂林市全州县	4A
498	永福金钟山旅游度假区	桂林市永福县	4A
499	桂林资江·天门山景区	桂林市资源县	4A
500	桂林八角寨景区	桂林市资源县	4A
501	桂林资江灯谷景区	桂林市资源县	4A
502	万福广场·休闲旅游城	桂林市象山区	3A
503	桂林市瓦窑小镇景区	桂林市象山区	3A
504	象山区侗情水庄景区	桂林市象山区	3A
505	海之鑫洞藏就文化馆	桂林市叠彩区	3A
506	桂林芦笛岩鸡血玉文化艺术中心景区	桂林市秀峰区	3A
507	桂林市神龙水世界景区	桂林市雁山区	3A
508	桂林多耶古寨-蛇王李景区	桂林市雁山区	3A
509	桂林黄沙秘境大峡谷景区	桂林市临桂区	3A
510	美国飞虎队桂林遗址公园	桂林市临桂区	3A
511	李宗仁故居	桂林市临桂区	3A

序号	景区名称	所在地市	等级
512	会仙喀斯特国家湿地公园景区	桂林市临桂区	3A
513	临桂十二滩漂流景区	桂林市临桂区	3A
514	抱璞文化展示中心	桂林市临桂区	3A
515	桂林崇华中医街	桂林市临桂区	3A
516	佑子湾景区	桂林市临桂区	3A
517	桂林之花景区	桂林市临桂区	3A
518	枫和里文化旅游区	桂林市临桂区	3A
519	一院两馆景区	桂林市临桂区	3A
520	龙胜县白面瑶寨景区（红色景区）	桂林市龙胜县	3A
521	龙胜艺江南中国红玉文化园景区	桂林市龙胜县	3A
522	荔浦县马岭鼓寨民族风情园	桂林市荔浦市	3A
523	荔浦天河瀑布景区	桂林市荔浦市	3A
524	荔浦县柘村景区	桂林市荔浦市	3A
525	黄岭景区	桂林市恭城县	3A
526	杨溪景区	桂林市恭城县	3A
527	瑶族文化村景区	桂林市恭城县	3A
528	北洞源景区	桂林市恭城县	3A
529	恭城龙虎关景区	桂林市恭城县	3A
530	恭城矮寨景区	桂林市恭城县	3A
531	恭城社山景区	桂林市恭城县	3A
532	灌阳唐景崧故里景区	桂林市灌阳县	3A
533	灌阳茶博园	桂林市灌阳县	3A
534	灌阳神农稻博园	桂林市灌阳县	3A
535	灌阳洞井古民居景区	桂林市灌阳县	3A
536	灌阳都庞岭大峡谷景区	桂林市灌阳县	3A
537	灌阳文市石林景区	桂林市灌阳县	3A
538	桂林希宇·欢乐城景区	桂林市灵川县	3A
539	八路军桂林办事处路莫村物资转运站景区（红色景区）	桂林市灵川县	3A

序号	景区名称	所在地市	等级
540	灵川龙门瀑布景区	桂林市灵川县	3A
541	灵川县江头景区	桂林市灵川县	3A
542	平乐仙家温泉景区	桂林市平乐县	3A
543	桂林国际茶花谷旅游休闲度假区	桂林市全州县	3A
544	桂林湘山酿酒生态园景区	桂林市全州县	3A
545	全州县炎井温泉	桂林市全州县	3A
546	永福县凤山景区	桂林市永福县	3A
547	罗汉果小镇	桂林市永福县	3A
548	资源县宝鼎景区	桂林市资源县	3A
549	资源县塘洞景区（红色景区）	桂林市资源县	3A
550	上思十万大山国家森林公园景区	防城港市	4A
551	防城港东兴市京岛风景名胜区	防城港市	4A
552	防城港市江山半岛白浪滩旅游景区	防城港市	4A
553	防城港西湾旅游景区	防城港市	4A
554	上思县百鸟乐园景区	防城港市	4A
555	东兴国门景区	防城港市	4A
556	上思县十万大山布透温泉景区	防城港市	4A
557	东兴陈公馆景区	防城港市	3A
558	东兴市意景园旅游景区	防城港市	3A
559	东兴市百业东兴・红木社区旅游购物景区	防城港市	3A
560	东兴市北仑河口景区	防城港市	3A
561	防城港火山岛景区	防城港市	2A
562	巴马盘阳河景区	河池市巴马县	4A
563	巴马水晶宫景区	河池市巴马县	4A
564	广西凤山国家地质公园景区	河池市凤山县	4A
565	河池市东兰红色旅游区	河池市东兰县	4A
566	河池市宜州区刘三姐故里旅游区	河池市宜州区	4A
567	河池天峨县龙滩大峡谷景区	河池市天峨县	4A
568	宜州区会仙山景区	河池市宜州区	4A

续附表

序号	景区名称	所在地市	等级
569	南丹县歌娅思谷·中国白裤瑶生态民俗风情园景区	河池市南丹县	4A
570	广西大化七百弄国家地质公园景区	河池市大化县	4A
571	广西丹泉洞天酒文化旅游景区	河池市南丹县	4A
572	河池宜州拉浪生态休闲区	河池市宜州区	4A
573	河池宜州怀远古镇景区	河池市宜州区	4A
574	河池市珍珠岩风景区	河池市金城江区	4A
575	环江牛角寨瀑布群景区	河池市环江县	4A
576	环江木论喀斯特生态旅游景区	河池市环江县	4A
577	广西红水河都安三岛湾国际旅游度假区	河池市都安县	4A
578	巴马洞天福地景区	河池市巴马县	4A
579	广西罗城棉花天坑度假区	河池市罗城县	4A
580	巴马长寿岛景区	河池市巴马县	4A
581	大化奇美水城景区	河池市大化县	4A
582	环江多彩毛南景区	河池市环江县	4A
583	都安密洛陀文化公园	河池市都安县	4A
584	大化红水河百里风情画廊	河池市大化县	4A
585	东兰壮乡将军纪念园	河池市东兰县	4A
586	东兰红水河第一湾景区	河池市东兰县	4A
587	南丹县丹炉山景区	河池市南丹县	4A
588	巴马仁寿源景区	河池市巴马县	4A
589	都安澄江国家湿地公园	河池市都安县	4A
590	罗城成龙湖景区	河池市罗城县	4A
591	罗城仫佬族自治县长生洞景区	河池市罗城县	4A
592	都安地下河国家地质公园	河池市都安县	4A
593	南丹温泉公园	河池市南丹县	3A
594	河池市天峨县龙滩水电站景区	河池市天峨县	3A
595	南丹白裤瑶生态博物馆	河池市南丹县	3A
596	金城江小三峡旅游景区	河池市金城江区	3A
597	南丹县铜江公园景区	河池市南丹县	3A

序号	景区名称	所在地市	等级
598	河池市宜州区古龙河漂流景区	河池市宜州区	3A
599	巴马县西山红色旅游区	河池市巴马县	3A
600	宜州嘉联丝绸工业园	河池市宜州区	3A
601	巴马活泉水文化景区	河池市巴马县	3A
602	东兰民间铜鼓收藏馆	河池市东兰县	3A
603	东兰天宝山景区	河池市东兰县	3A
604	大化县滇桂黔边纵队桂西区指挥部旧址	河池市大化县	3A
605	凤山县革命烈士公园	河池市凤山县	3A
606	都安山水瑶景区	河池市都安县	3A
607	都安密洛陀野生葡萄红酒酿造基地	河池市都安县	3A
608	都安民族博物馆	河池市都安县	3A
609	大化"夜街"景区	河池市大化县	3A
610	大化水岸廊桥景区	河池市大化县	3A
611	川洞河燕子湖景区	河池市天峨县	3A
612	罗城青明山庄园景区	河池市罗城县	2A
613	罗城县武阳江景区	河池市罗城县	2A
614	大化莲花山景区	河池市大化县	2A
615	河池市罗城县剑江景区	河池市罗城县	2A
616	都安县八仙乐园景区	河池市都安县	2A
617	那坡县镇安公园景区	百色市那坡县	4A
618	百色乐业大石围天坑群景区	百色市乐业县	4A
619	乐业县龙云山故事小镇景区	百色市乐业县	4A
620	乐业县罗妹莲花洞景区	百色市乐业县	3A
621	乐业布柳河仙人桥景区	百色市乐业县	3A
622	乐业县红七红八军纪念馆	百色市乐业县	3A
623	乐业-凤山世界地质公园景区	百色市乐业县	3A
624	乐业县穿洞天坑景区	百色市乐业县	3A
625	乐业县五台山森林公园景区	百色市乐业县	3A
626	乐业县兰花和普园景区	百色市乐业县	3A

序号	景区名称	所在地市	等级
627	百色市平果黎明通天河旅游景区	百色市平果市	4A
628	百色西林县宫保府景区	百色市西林县	4A
629	田林县万吉山森林公园景区	百色市田林县	3A
630	凌云茶山金字塔景区	百色市凌云县	4A
631	凌云环浩坤湖山水生态体验区景区	百色市凌云县	4A
632	凌云县泗城州府景区	百色市凌云县	4A
633	凌云县泗城文庙景区	百色市凌云县	3A
634	凌云县纳灵河谷景区	百色市凌云县	3A
635	凌云县水源洞景区	百色市凌云县	3A
636	凌云县博物馆景区	百色市凌云县	3A
637	凌云县独秀峰景区	百色市凌云县	3A
638	凌云县泗水缤纷·红色彩架景区	百色市凌云县	3A
639	凌云县泗水缤纷·桑梓平怀景区	百色市凌云县	3A
640	百色市田州古城	百色市田阳区	4A
641	田阳敢壮山布洛陀遗址景区	百色市田阳区	3A
642	田东县湿地公园景区	百色市田东县	4A
643	田东十里莲塘景区	百色市田东县	3A
644	田东县右江工农民主政府旧址景区	百色市田东县	3A
645	百色市德保县吉星岩景区	百色市德保县	4A
646	德保县矮马王国景区	百色市德保县	4A
647	德保县芳山文化园景区	百色市德保县	4A
648	百色市德保红叶森林旅游景区	百色市德保县	4A
649	靖西通灵大峡谷景区	百色市靖西市	4A
650	古龙山大峡谷景区	百色市靖西市	4A
651	百色靖西市鹅泉旅游景区	百色市靖西市	4A
652	靖西市旧州景区	百色市靖西市	4A
653	靖西锦绣古镇景区	百色市靖西市	4A
654	靖西小城故事景区	百色市靖西市	4A
655	靖西龙潭湿地公园	百色市靖西市	3A

序号	景区名称	所在地市	等级
656	靖西市渠洋湖景区	百色市靖西市	3A
657	靖西市邑蒙福峒山生态旅游景区	百色市靖西市	3A
658	隆林各旅自治县腊仁欢乐水乡景区	百色市隆林县	3A
659	百色起义纪念园	百色市右江区	5A
660	百色大王岭景区	百色市右江区	4A
661	百色欢乐小镇	百色市右江区	4A

注：资料来源于广西壮族自治区文化和旅游厅。

附录 B　旅游景区质量等级管理办法①

第一章　总　则

第一条　为了加强旅游景区质量等级的评定和管理，提升旅游景区服务质量和管理水平，树立旅游景区行业良好形象，促进旅游业可持续发展，依据国家有关法律、法规和中华人民共和国国家标准《旅游景区质量等级的划分与评定》及相关评定细则，特制定本办法。

第二条　本办法所称的旅游景区，是指可接待旅游者，具有观赏游憩、文化娱乐等功能，具备相应旅游服务设施并提供相应旅游服务，且具有相对完整管理系统的游览区。

旅游景区质量等级的申请、评定、管理和责任处理适用本办法。

第三条　凡在中华人民共和国境内正式开业一年以上的旅游景区，均可申请质量等级。旅游景区质量等级划分为 5 个等级，从低到高依次为 1A、2A、3A、4A、5A。

第四条　旅游景区质量等级管理工作，遵循自愿申报、分级评定、动态管理、以人为本、持续发展的原则。

第五条　国务院旅游行政主管部门负责旅游景区质量等级评定标准、评定细则等的编制和修订工作，负责对全国旅游景区质量等级评定标准的实施进行管理和监督。

各省、自治区、直辖市人民政府旅游行政主管部门负责对本行政区域内旅游景区质量等级评定标准的实施进行管理和监督。

第二章　评定机构与证书标牌

第六条　国务院旅游行政主管部门组织设立全国旅游景区质量等级评定委员会，负责全国旅游景区质量等级评定工作的组织和实施，授权并督导省级及以下旅游景区质量等级评定机构开展评定工作。

各省、自治区、直辖市人民政府旅游行政主管部门组织设立本地区旅游景区质量等级评定委员会，按照全国旅游景区质量等级评定委员会授权，负责本行政区域内旅游景区质量等级评定工作的组织和实施。

第七条　省级旅游景区质量等级评定委员会及时向全国旅游景区质量等级评定委员会报备各级评定委员会及其办公室成员组成与变动。

---

① 注：资料来源于文化和旅游部。

第八条 省级旅游景区质量等级评定委员会须全面掌握本地区各级旅游景区新增及变动情况，实现动态管理，每年分别于 6 月底和 12 月底将本地区各级旅游景区名称和数量报全国旅游景区质量等级评定委员会备案。

第九条 省级及以下旅游景区质量等级评定委员会出现玩忽职守，未按要求开展工作的，上级评定机构可以撤销其已获得的评定权限。

第十条 旅游景区质量等级的标牌、证书由全国旅游景区质量等级评定委员会统一制作，由相应评定机构颁发。旅游景区在对外宣传资料中应正确标明其等级。旅游景区质量等级标牌，须置于旅游景区主要入口显著位置。

第十一条 旅游景区可根据需要自行制作庄重醒目、简洁大方的质量等级标志，标志在外形、材质、颜色等方面要与景区特点相一致。

第三章 申请与评定

第十二条 3A 级及以下等级旅游景区由全国旅游景区质量等级评定委员会授权各省级旅游景区质量等级评定委员会负责评定，省级旅游景区评定委员会可向条件成熟的地市级旅游景区评定委员会再行授权。

4A 级旅游景区由省级旅游景区质量等级评定委员会推荐，全国旅游景区质量等级评定委员会组织评定。

5A 级旅游景区从 4A 级旅游景区中产生。被公告为 4A 级三年以上的旅游景区可申报 5A 级旅游景区。5A 级旅游景区由省级旅游景区质量等级评定委员会推荐，全国旅游景区质量等级评定委员会组织评定。

第十三条 申报 3A 级及以下等级的旅游景区，由所在地旅游景区评定机构逐级提交评定申请报告、《旅游景区质量等级评定报告书》和创建资料，创建资料包括景区创建工作汇报、服务质量和环境质量具体达标说明和图片、景区资源价值和市场价值具体达标说明和图片。省级或经授权的地市级旅游景区评定机构组织评定，对达标景区直接对外公告，颁发证书和标牌，并报全国旅游景区质量等级评定委员会备案。

第十四条 申报 4A 级的旅游景区，由所在地旅游景区评定机构逐级提交申请报告、《旅游景区质量等级评定报告书》和创建资料，省级旅游景区评定机构组织初评。初评合格的景区，由省级旅游景区评定机构向全国旅游景区质量等级评定委员会提交推荐意见，全国旅游景区质量等级评定委员会通过明查、暗访等方式进行检查，对达标景区对外公告，颁发证书和标牌。

第十五条 申报 5A 级的旅游景区，由所在地旅游景区评定机构逐级提交申请报告、《旅游景区质量等级评定报告书》和创建资料（含电子版），省级旅游景区评定机构组织初评。初评合格的景区，由省级旅游景区评定机构向全国旅游景区质量等级评定委员会提交推荐意见。

第十六条　全国旅游景区质量等级评定委员会对申报5A级旅游景区的评定程序如下：

（一）资料审核。全国旅游景区质量等级评定委员会依据景区评定标准和细则规定，对景区申报资料进行全面审核，审核内容包括景区名称、范围、管理机构、规章制度及发展状况等。通过审核的景区，进入景观评估程序，未通过审核的景区，一年后方可再次申请重审。

（二）景观价值评价。全国旅游景区质量等级评定委员会组建由相关方面专家组成的评议组，听取申报景区的陈述，采取差额投票方式，对景区资源吸引力和市场影响力进行评价，评价内容包括景区观赏游憩价值、历史文化科学价值、知名度、美誉度与市场辐射力等。通过景观评价的景区，进入现场检查环节，未通过景观评价的景区，两年后方可再次申请重审。

（三）现场检查。全国旅游景区质量等级评定委员会组织国家级检查员成立评定小组，采取暗访方式对景区服务质量与环境质量进行现场检查，检查内容包括景区交通等基础服务设施，安全、卫生等公共服务设施，导游导览、购物等游览服务设施，电子商务等网络服务体系，对历史文化、自然环境保护状况，引导游客文明旅游等方面。现场检查达标的景区，进入社会公示程序，未达标的景区，一年后方可再次申请现场检查。

（四）社会公示。全国旅游景区质量等级评定委员会对达到标准的申报景区，在中国旅游网上进行七个工作日的社会公示。公示阶段无重大异议或重大投诉的旅游景区通过公示，若出现重大异议或重大投诉的情况，将由全国旅游景区质量等级评定委员会进行核实和调查，做出相应决定。

（五）发布公告。经公示无重大异议或重大投诉的景区，由全国旅游景区质量等级评定委员会发布质量等级认定公告，颁发证书和标牌。

第十七条　各质量等级旅游景区必须按照国家统计部门和旅游行政主管部门要求，履行《旅游统计调查制度》，按时报送旅游景区各项相关统计数据和信息，确保数据的真实性和准确性。

第四章　检　查　员

第十八条　旅游景区质量等级评定现场工作由具有相应资格的检查员担负。旅游景区质量等级评定检查员分为国家级检查员和地方级检查员。

第十九条　旅游景区质量等级评定检查员需熟练掌握国家标准及相关细则要求，熟悉景区建设管理知识，业务水平高，实践经验丰富，严格遵守评定工作规范（见附录），工作责任心强。

第二十条　旅游景区质量等级评定检查员由旅游景区研究、管理的专业人员，旅游景区协会成员单位的有关人员，景区评定机构的相关人员组成。

第二十一条　旅游景区质量等级评定检查员采取分级培训聘任的方式。国家级检查员由全国旅游景区质量等级评定委员会培训，经国务院旅游行政主管部门批准后聘任并颁发证书，地方级检查员由省级旅游景区质量等级评定委员会聘任并颁发证书。

第二十二条　旅游景区质量等级评定国家级与地方级检查员每三年进行一次审核。对于出现重大工作失误、未按工作规范开展工作、未承担相应工作职责以及由于各种原因不再适宜担负旅游景区评定工作的检查员，不予通过审核，并取消旅游景区检查员资格。

第五章　管理与监督

第二十三条　各级旅游景区质量等级评定机构对所评旅游景区要进行监督检查和复核。监督检查采取重点抽查、定期明查和不定期暗访以及社会调查、听取游客意见反馈等方式进行。

第二十四条　全国旅游景区质量等级评定委员会负责建立全国旅游景区动态监测与游客评价系统和景区信息管理系统，系统收集信息和游客评价意见，作为对旅游景区监督检查和复核依据之一。

第二十五条　对游客好评率较低、社会反响较差、发生重大安全事故、被游客进行重大投诉经调查情况属实及未按时报送数据信息或填报虚假信息的景区，视情节给予相应处理。

第二十六条　4A 级及以下等级景区复核工作主要由省级质量等级评定委员会组织和实施，复核分为年度复核与五年期满的评定性复核，年度复核采取抽查的方式，复核比例不低于 10%。5A 级旅游景区复核工作由全国旅游景区质量等级评定委员会负责，每年复核比例不低于 10%。经复核达不到要求的，视情节给予相应处理。

第二十七条　对景区处理方式包括签发警告通知书、通报批评、降低或取消等级。

旅游景区接到警告通知书、通报批评、降低或取消等级的通知后，须认真整改，并在规定期限内将整改情况上报相应的等级评定机构。

第二十八条　旅游景区被处以签发警告通知书和通报批评处理后，整改期满仍未达标的，将给予降低或取消等级处理。凡被降低、取消质量等级的旅游景区，自降低或取消等级之日起一年内不得重新申请等级。

第二十九条　旅游景区质量等级评定委员会签发警告通知书、通报批评、降低或取消等级的处理权限如下：

1. 省、自治区、直辖市旅游景区质量等级评定委员会有权对达不到标准规定的 3A 级及以下等级旅游景区签发警告通知书、通报批评、降低或取消等级，并报全国旅游景区质量等级评定委员会备案。

2. 省、自治区、直辖市旅游景区质量等级评定委员会有权对达不到标准规定的4A级旅游景区签发警告通知书、通报批评，并报全国旅游景区质量等级评定委员会备案。如需对4A级旅游景区作出降低或取消等级的处理，须报全国旅游景区质量等级评定委员会审批，由全国旅游景区质量等级评定委员会对外公告。

3. 全国旅游景区质量等级评定委员会对达不到标准规定的5A级旅游景区作出相应处理。

4. 全国旅游景区质量等级评定委员会有权对达不到标准规定的各级旅游景区，作出签发警告通知书、通报批评、降低或取消等级通知的处理。

第六章　附　　则

第三十条　本办法由国家旅游局负责解释。

第三十一条　本办法自二〇一二年五月一日起施行。

附录 C　旅游资源普查工作技术规程①

为规范旅游资源普查工作流程，统一普查工作技术要求，特编制《旅游资源普查工作技术规程》，与《旅游资源分类、调查与评价》（GB/T 18972—2017）共同使用，以提高普查工作效率，确保普查成果质量。

一、基本原则

（一）普适性原则。在充分调研和梳理旅游资源普查工作规律和特点的基础上，总结出普查工作的一般性程序、任务、成果和技术要求。

（二）可操作性原则。以普查人员易理解和易操作为前提，以流程化为主线，实现各程序工作主体明确化、工作内容清晰化和技术要求具体化。

（三）信息化原则。利用现代信息技术，创新普查工作方式、方法和成果展示形式，提高普查工作效率，实现旅游资源动态化管理，扩大普查成果应用范围。

二、适用范围

（一）适用范围。县级及以上行政区域。

（二）适用单位。组织开展旅游资源普查工作所在地的文化和旅游主管部门或人民政府；参与实施旅游资源普查工作的企事业单位、大专院校和科研院所等。

三、技术准备

（一）旅游资源分类方案确定。省级文化和旅游主管部门确定本省（区、市）旅游资源普查工作采用 GB/T 18972—2017 中"4 旅游资源分类"或本省（区、市）创新方案。本省（区、市）创新方案应以 GB/T 18972—2017 为依据，主类不宜新增，亚类和基本类型新增数量不宜超过上一级旅游资源类型总数，即亚类新增不宜超过 8 类，基本类型新增不宜超过 23 类。

（二）详细方案编制。实施单位和组织单位共同编制详细方案，内容主要包括各项普查任务的实施程序、操作规范、时间节点和实地调查人员名单等。实地调查人员应具备与普查区旅游环境、旅游资源、旅游开发有关的专业知识，一般应吸收旅游、环境保护、地学、生物学、建筑园林和历史文化等方面的专业人员。

（三）旅游资源信息管理平台建设。省级文化和旅游主管部门根据实际需要建设省级旅游资源信息管理平台，供本省（区、市）旅游资源普查使用。平台

---

① 注：资料来源于文化和旅游部。

应包括资源信息采集与审核、资源信息管理与查询和资源信息展示与发布等功能模块。平台应考虑与地方旅游服务和国土空间基础信息等平台的通用接口。

旅游资源信息管理平台应符合《中华人民共和国网络安全法》和本地区网络安全相关要求。

（四）资料收集。实施单位应收集与旅游资源相关的文字、图形和影像资料，一般包括地方志、乡土教材、旅游区与旅游点介绍、规划与专题报告和照片、宣传片等。实施单位应依据收集的资料，整编《旅游资源名录表》初稿，作为开展实地普查工作的基础。

（五）技术培训。组织单位负责普查技术培训工作。培训对象包括实施单位普查技术人员、普查区文化和旅游主管部门及基层单位相关人员；培训内容包括旅游资源分类、旅游资源评价、旅游资源调查程序与方法和国土资源信息安全注意事项等。

四、实地普查

（一）调查小区划分。实施单位和组织单位可按行政区或地貌、生物、文化等特征单元划分若干调查小区。

（二）实地调查人员分组。实施单位与组织单位依据调查小区的划分共同确定各调查小组人员名单。各调查小组成员应包括普查技术人员和调查小区内相关工作人员，设组长 1 人、副组长 1~2 人。

（三）调查对象选定。在《旅游资源名录表》（附表 2）初稿的基础上，应参照 GB/T 18972—2017 中"5.2.4.2 选定调查对象"的相关规定选定调查对象。

（四）调查路线制定。实地调查小组应根据调查对象分布和交通等情况制定调查线路。

（五）信息采集。实地调查人员应对选定的调查对象及实地调查过程中新发现的旅游资源进行信息采集，内容包括单体名称、行政位置、地理位置、影像数据、性质与特征、所在区域及进出条件和保护与开发现状等，填写《旅游资源单体普查表》（以下简称《单体普查表》）。

（六）资源评价。实地调查小组应参照 GB/T 18972—2017 中"6 旅游资源评价"的相关规定，对所有旅游资源单体进行等级评价。每个资源单体应由不少于 3 名专业技术人员共同评价。

五、内业整理

（一）《单体普查表》整理。实施单位整理、汇总《单体普查表》，确保信息完整、翔实和准确，并按调查小区进行归类和存档。

（二）影像数据整理。实施单位整理、汇总有关影像资料，并按调查小区进行归类、编号、命名和存档。编号和名称应与该资源《单体普查表》中的代号和单体名称一致。

（三）信息录入。实施单位将采集的资源信息录入资源数据库，更新《旅游资源名录表》，确保录入信息完整、翔实和准确。

（四）信息审核。实施单位对资源信息初审和修改完善后，提交组织单位复审。复审内容包括资源普查工作的完成率（资源点的空间覆盖率）、资源信息填报的完整性和准确性、资源等级评价的科学性和合理性。

六、成果集成

（一）旅游资源信息管理平台完善。实施单位完善旅游资源信息管理平台各功能模块内容。平台应架构完整、功能齐全、操作便捷和运行正常。

（二）《普查区实际资料表》填写。实施单位应完整、翔实和准确填写《普查区实际资料表》，内容包括普查区基本资料、旅游资源类型数量统计、各主类及亚类旅游资源单体数量统计、各级旅游资源单体数量统计、调查组主要成员和主要技术存档材料等。

（三）《旅游资源普查图集》绘制。实施单位应参照 GB/T 18972—2017 中"7.2.2.4 编绘程序与方法"的相关规定，绘制《旅游资源普查图集》，内容包括旅游资源总图、旅游资源类型图和旅游资源评价图（含优良级旅游资源图）等 3 类图件。

（四）《旅游资源普查报告》编写。实施单位编写《旅游资源普查报告》，内容包括普查区旅游资源赋存环境、旅游资源开发历史与利用现状、旅游资源类型分析、旅游资源等级分析、旅游资源空间特征分析、旅游资源保护与开发建议和附件《旅游资源名录表》等。报告应全面、客观和准确反映普查区旅游资源情况，旅游资源保护与开发建议应具有实际指导性。

七、成果验收

（一）验收申请。组织单位就旅游资源普查成果应向上级文化和旅游主管部门征求意见；实施单位根据反馈意见完成修改并提交后，组织单位提请省级文化和旅游主管部门组织验收。

（二）验收人员确定。旅游资源普查成果验收组成员由普查工作组织单位和省级文化和旅游主管部门商定。验收人员数量原则上不少于 7 人，应包括旅游、环境保护、地学、生物学、建筑园林、历史文化等领域专家及文化和旅游主管部门代表。其中，主管部门代表不宜超过三分之一，本地专家不宜少于三分之一；成果验收组设组长 1 人、副组长 1~2 人。

（三）验收内容及要求。验收内容包括资源单体抽查与资源普查成果审查。资源单体抽查数量比例应不低于资源单体总量的 5‰，被抽查资源单体信息的完整性和准确性合格率应不低于抽查总量的 80%；资源普查成果审查重点为成果的完整性、科学性和实用性。普查成果经全体验收人员表决，三分之二以上验收人员同意，并形成全体验收人员签字的书面验收意见，方为验收合格。

（四）成果提交。实施单位依据验收意见和建议对普查成果修改和完善后，向组织单位正式提交最终普查成果。

参 考 文 献

[1] 杨晓晓, 尹发能. 湖北省 4A 级及以上高等级景区的空间分布特征及影响因素 [J]. 天津师范大学学报 (自然科学版), 2023, 43 (1): 51-59.

[2] 高燕, 孙根年. 中国 A 级景区空间关联性及异质性分析 [J]. 经济地理, 2022, 42 (12): 194-204.

[3] 姚建盛, 刘艳玲, 吴忠军. 基于数字足迹的桂林游客时空行为特征 [J]. 湖南科技大学学报 (自然科学版), 2022, 37 (4): 84-93.

[4] 夏赞才, 汤君辉. 江西省 A 级旅游景区时空演变及影响因素研究 [J]. 西南大学学报 (自然科学版), 2022, 44 (11): 140-152.

[5] 赖继年. 红色旅游经典景区发展路径——以网络关注度时空演变为视角 [J]. 社会科学家, 2022 (8): 44-51.

[6] 方静文. 民族地区文旅融合的保亭实践——以槟榔谷和呀诺达为例 [J]. 贵州民族研究, 2022, 43 (5): 175-181.

[7] 张广海, 袁洪英, 段若曦, 等. 中国高等级旅游景区资源多尺度时空差异及其影响因素 [J]. 自然资源学报, 2022, 37 (10): 2672-2687.

[8] 吴晋峰, 石晓腾, 吴宝清. 基于城市居民累积出游经历的 "吴曲线" 变化研究 [J]. 干旱区资源与环境, 2022, 36 (12): 172-183.

[9] 陈慧霖, 李加林, 王中义, 等. 乡村振兴背景下浙江省 3A 级景区村庄空间结构特征与影响因子分析 [J]. 自然资源学报, 2022, 37 (9): 2467-2484.

[10] 王兆峰, 李琴. 长征沿线红色文化遗产空间分布特征及旅游高质量发展 [J]. 山地学报, 2022, 40 (4): 581-596.

[11] 张小青, 张建新, 刘培学, 等. 边疆省域旅游流的网络结构及影响因素——基于在线预订数据分析的云南省实证研究 [J]. 世界地理研究, 2022, 31 (4): 837-848.

[12] 张宇硕, 沈雪瑞, 眭任静, 等. 黄河流域 A 级旅游景区空间格局及其影响因素的多尺度分析 [J]. 中国沙漠, 2022, 42 (6): 103-115.

[13] 赵芮, 赵恒, 丁志伟. 基于网络关注度的中国沙漠型 A 级景区空间格局及其影响因素分析 [J]. 中国沙漠, 2022, 42 (5): 101-113.

[14] 王耀斌, 陈海龙, 刘逸, 等. 网络集群行为视角下游客情绪脉搏时空特征研究 [J]. 地域研究与开发, 2022, 41 (3): 95-100.

[15] 高冲, 董治宝, 姜有根, 等. 基于文本分析法的沙漠型 5A 级旅游景区游客感知与旅游行为研究 [J]. 中国沙漠, 2022, 42 (4): 41-49.

[16] 刘培学, 陆佑海, 张金悦, 等. 目的地区域内旅游线路模式及客流影响因素研究 [J]. 旅游学刊, 2022, 37 (6): 14-26.

[17] 王湉, 邝家麒. 社区参与何以影响高质量景区创建?——基于黄姚古镇创 5A 田野调查数据的质性分析 [J]. 旅游科学, 2022, 36 (2): 86-100.

[18] 舒小林, 何亚兰, 闵浙思. 基于 ABC 态度模型的旅游景区形象网络化呈现研究——以贵州省 5A 与 4A 级景区为例 [J]. 资源开发与市场, 2022, 38 (6): 650-656.

[19] 罗润, 周年兴. 空气质量、旅游者空气质量敏感度对旅游景区客流量的影响机理——以

南京市为例 [J]. 南京师大学报（自然科学版），2022，45（3）：54-60.

[20] 杨晓，李玲. 全域旅游视角下 A 级景区与星级农家乐耦合研究——以南疆 3 个地州为例 [J]. 西南大学学报（自然科学版），2022，44（3）：161-171.

[21] 王淑佳，孙九霞. 普适道路还是隐形门槛？不同类型乡村旅游发展路径的外源因素 [J]. 自然资源学报，2022，37（3）：662-680.

[22] 李涛，王磊，王钊，等. 乡村旅游：社区化与景区化发展的路径差异及机制——以浙江和山西的两个典型村落为例 [J]. 旅游学刊，2022，37（3）：96-107.

[23] 侯贺平，王靓，任婉倩，贾淑芳. 基于数字足迹的河南省 A 级景区旅游流网络特征研究 [J]. 地域研究与开发，2022，41（1）：91-97.

[24] 焦珊珊，李明，田逢军，等. 中国红色旅游经典景区网络关注度分布格局及驱动机制 [J]. 经济地理，2022，42（1）：211-220.

[25] 楚纯洁，周金风，姚蒙. 山岳型景区网络关注度时空分布及差异比较研究——以河南省 4 个 5A 级景区为例 [J]. 地域研究与开发，2021，40（6）：111-117.

[26] 刘培学，张捷，张建新，等. 旅游景区客流规模特征与影响因素研究——以江苏省 204 家景区为例 [J]. 地理科学，2021，41（11）：1992-2001.

[27] 王钊，黄文杰. 长征红色旅游景区的演化及其形成机制研究 [J]. 经济地理，2021，41（11）：209-217.

[28] 周海涛，张雨惠，宁小莉，等. 内蒙古 A 级旅游景区时空分异特征及影响因素 [J]. 干旱区资源与环境，2021，35（12）：202-208.

[29] 田瑾，明庆忠，刘安乐. 我国西南地区山岳型 A 级旅游景区空间分布及影响因素分析 [J]. 湖南师范大学自然科学学报，2021，44（5）：50-60.

[30] 史甜甜，曾丽，靳文敏，等. 5A 级旅游景区微信公众号对客服务功能及其建设水平研究 [J]. 旅游学刊，2021，36（10）：85-97.

[31] 吴儒练，李洪义，李向明，等. 江西省 A 级旅游景区时空演变及动力机制 [J]. 江西师范大学学报（自然科学版），2021，45（5）：539-550.

[32] 张九月，胡希军，朱满乐，等. 长株潭城市群 3A 级及以上旅游景区空间分布特征及影响因素 [J]. 西南大学学报（自然科学版），2021，43（9）：162-172.

[33] 刘卓林，赵芮，丁志伟. 基于景区抖音粉丝关注的长江经济带旅游经济空间结构及其影响因素分析 [J]. 华中师范大学学报（自然科学版），2022，56（5）：891-902.

[34] 甘畅，王凯. 武陵山片区高质量景区空间分布格局及其影响因素 [J]. 长江流域资源与环境，2021，30（9）：2115-2125.

[35] 王宏，孙根年，冯庆. 高 A 级景区空间聚集提升城市旅游效益的机制分析——以陕西西安和山西太原为例 [J]. 资源开发与市场，2021，37（12）：1488-1496.

[36] 田里，刘亮. 旅游孤岛效应形成原因及其治理路径 [J]. 华中师范大学学报（自然科学版），2022，56（1）：25-34.

[37] 董红梅. 我国不同类型景区旅游效率研究 [J]. 资源开发与市场，2021，37（10）：1264-1270.

[38] 陈天宇，张春燕，李玥，等. 基于关联规则的湖北省 5A 级景区游客满意度研究 [J]. 资源开发与市场，2021，37（10）：1159-1165.

[39] 王敏，韩美，陈国忠，等．基于地理探测器的 A 级旅游景区空间分布变动及影响因素——以山东省为例 [J]．中国人口·资源与环境，2021，31（8）：166-176.

[40] 魏珍，张凤太，李玉臻，等．高铁开通对重庆市内部旅游可达性影响研究 [J]．资源开发与市场，2021，37（10）：1223-1230.

[41] 郑群明，黄雨晴，杨小亚，等．大湘西风景道选线研究——基于旅游数字足迹 [J]．湖南师范大学自然科学学报，2021，44（4）：9-16.

[42] 林振宇，解吉波，杨腾飞，等．旅游多主题情感词典的构建方法 [J]．地理与地理信息科学，2021，37（4）：22-27，98.

[43] 郭艳萍，刘敏．基于 POI 数据的山西省旅游景区分类及空间分布特征 [J]．地理科学，2021，41（7）：1246-1255.

[44] 禄树晖，王昱鑫．乡村振兴背景下西藏旅游景区空间结构优化研究 [J]．西藏民族大学学报（哲学社会科学版），2021，42（4）：85-91.

[45] 李坦，杨泽宸，黄安琪，等．旅游者环境责任感会影响对游憩价值的支付意愿吗？——基于长三角高星级生态景区的倾向得分匹配分析 [J]．林业经济，2021，43（5）：66-81.

[46] 史甜甜，关燕琴，翁时秀．中国 5A 级旅游景区微信公众号功能建设水平空间特征研究 [J]．旅游科学，2021，35（3）：100-119.

[47] 麻学锋，周华，谭佳欣，等．旅游地成长与高级别景区形成的耦合路径与机制——以张家界为例 [J]．经济地理，2021，41（6）：205-212.

[48] 许春晓，唐慧，孟圆圆，等．湖南红色旅游资源的共生势能 [J]．自然资源学报，2021，36（7）：1718-1733.

[49] 张绍山，刘超，杨志全．基于水陆交通可达性分析的多地形省份 5A 景区区域共享研究——以湖北省为例 [J]．山地学报，2021，39（3）：403-414.

[50] 朱生东，张翀，白子怡．基于深度学习的旅游景区空间格局模拟与预测——以中国"一带一路"沿线 18 个省份为例 [J]．地域研究与开发，2021，40（3）：75-79.

[51] 王华，孙根年，王亚力，等．武陵山片区旅游空间模式对运输通道演化的响应机理研究 [J]．地理科学，2021，41（5）：851-862.

[52] 杨帆，冯娟，谢双玉，等．游客满意度对目的地出游意愿的影响研究——以武汉市 5A 级景区为例 [J]．华中师范大学学报（自然科学版），2022，56（1）：116-126.

[53] 赵胡兰，杨兆萍，时卉，等．乌鲁木齐市 A 级旅游景区系统空间结构分形研究 [J]．中国科学院大学学报，2021，38（3）：367-373.

[54] 刘亚晶，罗静，孙建伟，等．2018 年湖北省旅游供需的空间结构特征分析——以 A 级景区为例 [J]．人文地理，2021，36（2）：175-183.

[55] 吴清，马会丽，潘文康．广东省 A 级旅游景区时空演变及其影响因素研究 [J]．湖南师范大学自然科学学报，2021，44（2）：26-33，40.

[56] 梁改童，高敏华，白洋．西北地区 A 级景区与旅游收入空间错位研究 [J]．西北大学学报（自然科学版），2021，51（2）：270-278.

[57] 张建国，林佳楠，陈静．基于游客受雇拍摄法的景区村庄旅游形象感知研究——以杭州市临安区月亮桥村为例 [J]．浙江农业学报，2021，33（4）：651-660.

[58] 梁改童, 高敏华, 白洋. 新疆 5A 级旅游景区网络关注度时空分布特征研究 [J]. 西北师范大学学报 (自然科学版), 2021, 57 (2): 118-126.

[59] 王秋龙, 潘立新, 吕俭, 等. 基于网络关注度的安徽省居民省内旅游需求时空特征分析 [J]. 地域研究与开发, 2021, 40 (1): 120-125.

[60] 李嘉欣, 谢德体, 王三. 重庆市 A 级旅游景区空间格局特征及演变 [J]. 西南大学学报 (自然科学版), 2021, 43 (1): 153-163.

[61] 曹芳东, 黄震方, 黄睿, 等. 江苏省高速公路流与景区旅游流的空间关联及其耦合路径 [J]. 经济地理, 2021, 41 (1): 232-240.

[62] 王颖, 李传明, 朱创业, 等. 绵阳市星级农家乐和乡村酒店空间布局驱动因素分析 [J]. 测绘地理信息, 2022, 47 (4): 110-113.

[63] 景壮壮, 韩景, 刘万波, 等. 山西省 A 级景区空间分布特征及可达性研究 [J]. 资源开发与市场, 2021, 37 (2): 200-207.

[64] 明庆忠, 刘安乐. 基于功能性分析的旅游景区转型发展研究——以云南为例 [J]. 西南大学学报 (自然科学版), 2020, 42 (12): 117-125.

[65] 马遵平, 谢泽氡, 林雅琳. 西成高铁沿线区域 A 级景区空间点格局研究 [J]. 资源开发与市场, 2021, 37 (1): 107-112.

[66] 胡炜霞, 谢迎迎. 山西乡村民居型景区周边环境空间演化的深层机理研究 [J]. 干旱区地理, 2020, 43 (6): 1603-1611.

[67] 胡炜霞, 梁晓涛, 桑子俞. 山西省 3A 及以上旅游景区时空演化特征及原因分析 [J]. 干旱区资源与环境, 2020, 34 (12): 187-194.

[68] 阿荣高娃, 孙根年, 宝乐尔. 节庆营销对景区年内客流量的边际弹性及调节限度——以内蒙古阿拉善盟 5 个 4A 级景区为例 [J]. 资源开发与市场, 2021, 37 (1): 113-118.

[69] 陈楷俊, 陈菁, 林卓宏, 等. 广东省 A 级旅游景区空间结构及其影响因素研究 [J]. 西南师范大学学报 (自然科学版), 2020, 45 (10): 63-71.

[70] 王艳丽, 姜海涛. 智慧旅游背景下中国二线城市景点门票价格策略研究 [J]. 价格月刊, 2020 (10): 32-35.

[71] 韩荣培, 梁坤. 贵州省少数民族非物质文化遗产空间结构及文旅关系分析 [J]. 贵州民族研究, 2020, 41 (9): 69-76.

[72] 崔哲浩, 吴雨晴, 李媛媛. 民族地区旅游景区客源市场结构和游客行为分析 [J]. 延边大学学报 (社会科学版), 2020, 53 (5): 99-107, 143.

[73] 刘敏, 郝炜, 张芙蓉. 山西省 A 级景区空间分布与影响因素 [J]. 经济地理, 2020, 40 (8): 231-240.

[74] 符峰华. 自贸港背景下海南旅游业集聚发展研究 [J]. 中国流通经济, 2020, 34 (7): 43-59.

[75] 宁志中, 王婷, 杨雪春. 2001 年以来中国旅游景区时空格局演变与景区群形成 [J]. 地理研究, 2020, 39 (7): 1654-1666.

[76] 曾亚婧, 刘超, 张绍山, 等. 山海协同旅游发展新模式——以广西北部湾为例 [J]. 山地学报, 2020, 38 (3): 425-435.

[77] 石勇, 王文华, 张飞, 等. 中国 3A 级及以上景区地震风险评估 [J]. 世界地理研究,

2020, 29（3）：642-649.

[78] 高楠, 张新成, 王琳艳. 中国红色旅游网络关注度时空特征及影响因素 [J]. 自然资源学报, 2020, 35（5）：1068-1089.

[79] 李冬花, 张晓瑶, 陆林, 等. 黄河流域高级别旅游景区空间分布特征及影响因素 [J]. 经济地理, 2020, 40（5）：70-80.

[80] 王珺颖, 谢德体, 王三, 等. 基于 POI 提取的山地丘陵区乡村旅游空间分布研究——以重庆市农家乐为例 [J]. 中国农业资源与区划, 2020, 41（5）：257-267.

[81] 何芙蓉, 胡北明, 黄俊. 旅游景区门票价格影响因素研究——基于全国 222 家 5A 级景区的实证分析 [J]. 价格月刊, 2020（5）：22-28.

[82] 朱婷, 黄丽. 长江经济带旅游景区时空分布差异及影响因素研究 [J]. 现代城市研究, 2020（4）：74-81.

[83] 刘敏, 张芙蓉, 解智涵. 山西省 A 级景区与旅游收入的空间错位分析 [J]. 地域研究与开发, 2020, 39（2）：82-87, 93.

[84] 胡珺, 伍翕婷, 周林子. 5A 旅游景区、环境考核与企业环境治理 [J]. 南方经济, 2020（4）：115-128.

[85] 宁志中, 王婷, 崔明川. 中国旅游景区功能演变与用地分类构想 [J]. 中国土地科学, 2020, 34（3）：58-65.

[86] 李康康, 戢晓峰. 景区综合交通可达性测度及其优化对策 [J]. 长江流域资源与环境, 2020, 29（3）：668-677.

[87] 潘越, 翁钢民, 李聪慧, 等. 基于 D-S 证据理论的"丝绸之路旅游带"5A 景区区位优势度测评 [J]. 自然资源学报, 2020, 35（2）：297-312.

[88] 钟屹, 曾丽, 吴江, 等. 江苏省优质旅游景区分布格局和空间演变特征分析 [J]. 南京师大学报（自然科学版）, 2020, 43（1）：76-82.

[89] 葛军莲, 宋晓晴, 刘丰源, 等. 顾及用地类型的景区局部空间承载力计算方法 [J]. 南京师大学报（自然科学版）, 2019, 42（4）：124-130.

[90] 邓纯纯, 吴晋峰, 吴珊珊, 等. 中国 A 级景区等级结构和空间分布特征 [J]. 陕西师范大学学报（自然科学版）, 2020, 48（1）：70-79.

[91] 吴宝清, 吴晋峰, 石晓腾, 等. 有多少人"慕名而来"？——旅游景区到访率与知名度的关系研究 [J]. 旅游学刊, 2020, 35（1）：78-94.

[92] 周晓丽, 唐承财. 基于网络搜索大数据的 5A 级景区客流量预测分析 [J]. 干旱区资源与环境, 2020, 34（3）：204-208.

[93] 王慧. 东北旅游景区效率的时空差异分析与路径选择——基于优质旅游有效供给 [J]. 社会科学家, 2019（12）：70-76.

[94] 王珺, 毛海峰, 郭晓宏. 旅游景区安全风险评估与实证 [J]. 统计与决策, 2019, 35（22）：67-70.

[95] 李政欣, 包亚芳, 孙治. 浙江省 3A 级景区村庄空间分布特征及其影响因素 [J]. 浙江农林大学学报, 2019, 36（6）：1096-1106.

[96] 宋楠楠, 崔会平, 张建国, 等. 基于网络文本和 ASEB 栅格分析的宁波奉化滕头村旅游体验提升路径研究 [J]. 浙江农业学报, 2019, 31（11）：1935-1944.

[97] 唐承财, 孙孟瑶, 万紫微. 京津冀城市群高等级景区分布特征及影响因素 [J]. 经济地理, 2019, 39 (10): 204-213.

[98] 宋楠楠, 张建国. 浙江省景区村庄空间分布特征与可达性研究 [J]. 长江流域资源与环境, 2019, 28 (10): 2353-2363.

[99] 郑昭彦. 重大事件对举办地景区网络关注度的影响——以杭州 G20 峰会为例 [J]. 地域研究与开发, 2019, 38 (5): 111-114.

[100] 阿荣高娃, 孙根年, 乔少辉, 等. 内蒙古 A 级景区客流量估算模型——5 个单因素方差分析与多元回归建模 [J]. 干旱区资源与环境, 2019, 33 (12): 193-200.

[101] 麻学锋, 杨雪. 大湘西高级别景区时空分布特征及影响因素的空间异质性 [J]. 自然资源学报, 2019, 34 (9): 1902-1916.

[102] 白子怡, 薛亮, 严艳. 基于 GIS 的旅游景区空间分布特征及影响因素定量分析: 以云南省 A 级旅游景区为例 [J]. 云南大学学报 (自然科学版), 2019, 41 (5): 982-991.

[103] 闫闪闪, 靳诚. 基于多源数据的市域旅游流空间网络结构特征——以洛阳市为例 [J]. 经济地理, 2019, 39 (8): 231-240.

[104] 张洪, 石婷婷, 鲍涵. 中国 5A 级旅游景区空间结构特征研究 [J]. 华侨大学学报 (哲学社会科学版), 2019 (4): 80-90.

[105] 王欣. 基于 IPA 分析的海南旅游景区资源吸引力调查研究 [J]. 价格月刊, 2019 (8): 88-94.

[106] 高伟, 路紫, 张秋娈, 等. F-AMST 模型构建及其在旅游集聚区划分中的应用 [J]. 模糊系统与数学, 2019, 33 (4): 156-164.

[107] 何莽, 李靖雯. 景区内的贫困: 旅游扶贫的权力视角与解释 [J]. 旅游学刊, 2019, 34 (8): 97-107.

[108] 韩跃杰, 王荣华, 茹含. 面向游客出行需求的景区道路功能等级体系 [J]. 长安大学学报 (自然科学版), 2019, 39 (4): 118-126.

[109] 朱海艳, 孙根年. 区域旅游规模空间演化与景区品质关系——云南省入境旅游与国内旅游比较 [J]. 干旱区资源与环境, 2019, 33 (10): 194-201.

[110] 李会琴, 李丹, 董晓晴, 等. 中国 5A 级景区分布及网络关注度空间格局研究 [J]. 干旱区资源与环境, 2019, 33 (10): 178-184.

[111] 张凌云. 景区门票价格与门票经济问题的反思 [J]. 旅游学刊, 2019, 34 (7): 17-24.

[112] 谢彦君. 重点国有景区门票普遍降价的理论依据和实践价值辨析 [J]. 旅游学刊, 2019, 34 (7): 25-30.

[113] 肖妮, 黄悦, 刘继生. 中国本土主题公园旅游体验质量评价及空间分异特征研究 [J]. 地理科学, 2019, 39 (6): 978-986.

[114] 陈博, 陆玉麒, 舒迪, 等. 景区智慧化发展水平测度及空间分布差异研究——以江苏省 4A 级及以上景区为例 [J]. 南京师大学报 (自然科学版), 2019, 42 (2): 129-135.

[115] 高玉祥, 韩峰, 李泽宇, 等. 基于 GIS 的轨道交通与旅游热点可达性耦合关系——以天水市为例 [J]. 测绘工程, 2019, 28 (3): 57-60, 65.

[116] 翁钢民, 潘越, 李凌雁. "丝绸之路旅游带" 景区区位优势等级测度与影响机理 [J].

经济地理, 2019, 39 (4): 207-215.

[117] 龙飞, 刘家明, 朱鹤, 等. 长三角地区民宿的空间分布及影响因素 [J]. 地理研究, 2019, 38 (4): 950-960.

[118] 阿司古力·艾百, 普拉提·莫合塔尔, 居玛·吐尼亚孜, 等. 新疆南疆地区A级旅游景区空间格局演化研究 [J]. 华中师范大学学报 (自然科学版), 2019, 53 (2): 290-297.

[119] 孟威, 保继刚. 从运动式治理到常态治理: 5A景区治理的政策网络分析 [J]. 旅游学刊, 2019, 34 (4): 66-76.

[120] 李国兵, 田亚平. 珠三角旅游资源竞争力与旅游业发展水平的效度分析 [J]. 经济地理, 2019, 39 (3): 218-224, 239.

[121] 曾可盈, 周丽君. 基于百度指数的东北三省4A级及以上景区网络关注度分析 [J]. 东北师大学报 (自然科学版), 2019, 51 (1): 133-138.

[122] 邹光勇, 刘明宇, 何建民, 等. 公共景区与在线旅行平台垄断及其价格协调与政策规制 [J]. 旅游学刊, 2019, 34 (3): 12-27.

[123] 孙健慧, 张海波. 旅游景区低碳运营过程和影响因素探析 [J]. 企业经济, 2019, 38 (2): 13-19.

[124] 赵晓罡, 王瑶, 常亮. 基于改进熵值法的景区微博平台影响力评价研究——以全国5A级景区为例 [J]. 贵州社会科学, 2019 (2): 153-160.

[125] 马晓路, 向玉成, 曾雪晴. 旅游数字足迹下川西藏区景区空间结构研究 [J]. 西藏研究, 2019 (1): 64-72.

[126] 贾垚焱, 胡静, 刘大均, 等. 长江中游城市群A级旅游景区空间演化及影响机理 [J]. 经济地理, 2019, 39 (1): 198-206.

[127] 刘琪, 陶卓民, 夏四友, 等. 全域旅游背景下A级旅游景区的时空集中性分析——以山东省胶东半岛为例 [J]. 南京师大学报 (自然科学版), 2018, 41 (4): 125-132.

[128] 李鹏, 虞虎, 王英杰. 中国3A级以上旅游景区空间集聚特征研究 [J]. 地理科学, 2018, 38 (11): 1883-1891.

[129] 冯庆, 田一钧, 孙根年. 基于网络游记的陕西旅游目的地形象感知研究——以陕西省八大5A级旅游景区为例 [J]. 资源开发与市场, 2018, 34 (11): 1623-1628.

[130] 吴普. 深化景区门票价格管理改革的中长期政策建议 [J]. 价格理论与实践, 2018 (5): 21-24.

[131] 王凯, 甘畅, 欧艳, 等. 旅游景区低碳行为绩效及其驱动机制——以世界遗产地张家界为例 [J]. 应用生态学报, 2019, 30 (1): 266-276.

[132] 董宝辉, 长安. 内蒙古高等级旅游景区的空间分布特征及影响因素分析 [J]. 内蒙古农业大学学报 (自然科学版), 2018, 39 (6): 61-68.

[133] 徐薛艳, 席宇斌, 孙雪飞, 等. 国家地质公园声景构成与游客感知研究——以云台山风景名胜区为例 [J]. 地域研究与开发, 2018, 37 (5): 112-117.

[134] 刘少和, 桂拉旦. 西部地区5A级景区旅游产业融合集聚研究 [J]. 甘肃社会科学, 2018 (5): 213-219.

[135] 尹华光, 鲁芮妍. 全域旅游背景下张家界旅游景区的空间结构优化 [J]. 中南民族大

学学报（人文社会科学版），2018，38（5）：68-72.

[136] 何仁伟，李光勤，曹建华. 酒香真的不怕巷子深吗？——基于国家级风景名胜区的区位选择问题研究［J］. 旅游学刊，2018，33（9）：94-107.

[137] 王玲，代前进，吴晓隽. 基于预警平台大数据的事件旅游客流时空分布研究［J］. 数据分析与知识发现，2018，2（8）：31-40.

[138] 芮旸，马滕，王兴，等. 山地城市旅游景区空间结构分形研究——以安康市为例［J］. 山地学报，2018，36（4）：607-616.

[139] 苏红巧，苏杨. 国家公园不是旅游景区，但应该发展国家公园旅游［J］. 旅游学刊，2018，33（8）：2-5.

[140] 徐菡. 热门景区旅游市场发展及其价格机制作用研究［J］. 价格理论与实践，2018（7）：12-14.

[141] 朱怡婷，熊黑钢，何昭丽，等. 游览人数—景区收入重心演变与空间错位分析——以新疆热门景区为例［J］. 西北师范大学学报（自然科学版），2018，54（4）：99-108.

[142] 李武陵，袁小玉. 丝绸之路新疆段人文旅游资源景观空间研究［J］. 干旱区资源与环境，2018，32（9）：203-208.

[143] 王翠平，孙根年. 景区旅游收入估算模型构建［J］. 经济问题，2018（7）：99-103.

[144] 汤礼莎，贺清云，朱翔. 长沙市 A 级景区空间分布特征［J］. 经济地理，2018，38（6）：218-224.

[145] 吴春涛，李隆杰，何小禾，等. 长江经济带旅游景区空间格局及演变［J］. 资源科学，2018，40（6）：1196-1208.

[146] 刘强，王磊. 旅游景区收费体制的理论框架与改革实践［J］. 宏观经济研究，2018（6）：133-146.

[147] 孙晓蓓，杨晓霞，张枫怡. 基于百度指数的中国 A 级旅游洞穴景区网络关注度分布特征研究［J］. 西南师范大学学报（自然科学版），2018，43（4）：81-88.

[148] 王慧，陈秋华，修新田，等. 基于 BP 神经网络的森林旅游景区环境承载力预警系统构建研究——以太岳山国家森林公园石膏山景区为例［J］. 林业经济，2018，40（3）：58-64.

[149] 那守海，翟福生，赵希勇. 基于生态位理论的哈尔滨环城游憩带空间布局研究［J］. 中国农业资源与区划，2018，39（3）：212-219.

[150] 孙浩. 旅游景区门票价格影响机理研究——以黄山风景区为例［J］. 价格理论与实践，2017（9）：29-31.

[151] 丁建军，周书应. 武陵山片区旅游减贫效应的异质性分析［J］. 湘潭大学学报（哲学社会科学版），2018，42（2）：83-88.

[152] 王翠平，孙根年，郭爽. 山西省 A 级景区客流量的估算模型——基于 4 个因素的方差分析与回归建模［J］. 干旱区资源与环境，2018，32（4）：203-208.

[153] 严江平，宋志红，李巍. 广州市旅游景区网络关注度时空特征研究［J］. 资源开发与市场，2018，34（1）：88-93，22.

[154] 朱永凤，瓦哈甫·哈力克，何琛. 基于 GWR 模型新疆旅游景区空间异质性与优化策略研究［J］. 湖南师范大学自然科学学报，2017，40（6）：1-8.

[155] 汪秋菊，刘宇，张弛，等. 北京 5A 级旅游景区入境游客感知形象：构成要素与差异性辨识 [J]. 世界地理研究，2017，26（6）：154-164.

[156] 琚胜利，陶卓民，韩彦林. 南京乡村旅游景区游客网络关注与景区引力耦合协调度 [J]. 经济地理，2017，37（11）：220-228.

[157] 段琪斐，吴珊. 公共景区特征与定价成本构成研究 [J]. 价格理论与实践，2017（11）：91-94.

[158] 王秋龙，汤云云，毛宁. 安徽省 A 级旅游景区空间结构演变特征分析 [J]. 测绘工程，2017，26（10）：45-51，58.

[159] 马丽君，郭留留. 基于网络关注度的北京市居民对 5A 级景区旅游需求时空特征分析 [J]. 干旱区资源与环境，2017，31（10）：203-208.

[160] 隋丽娜，郭昳岚，程圩，等. 游客认知视角下我国丝绸之路目的地品牌伞的特征研究 [J]. 资源开发与市场，2017，33（9）：1138-1141，1133.

[161] 王钦安，彭建，孙根年. 基于 IPA 法的传统型景区游客满意度评价——以琅琊山景区为例 [J]. 地域研究与开发，2017，36（4）：110-115.

[162] 刘静，刘耀龙，段锦. 基于 5A 景区最大承载量和游客接待量的旅游供需关系模型研究 [J]. 科技通报，2017，33（7）：264-268.

[163] 郭爽，孙根年，王翠平. 山西省 A 级景区旅游就业规模的估算模型——2013—2014 年 80 家 A 级景区的统计分析与检验 [J]. 干旱区资源与环境，2017，31（7）：195-200.

[164] 鲁宜苓，孙根年，李晶，等. 城市旅游资源吸引—游客到访—宾馆接待的相关性及二元结构——2005—2015 年广西 14 个地市的案例研究 [J]. 陕西师范大学学报（自然科学版），2017，45（4）：90-97.

[165] 王洪桥，袁家冬，孟祥君. 东北地区 A 级旅游景区空间分布特征及影响因素 [J]. 地理科学，2017，37（6）：895-903.

[166] 谢泽氡，马遵平，施思. 消费者出游决策情境下的景区网站质量评估——以四川省高等级景区为例 [J]. 西南师范大学学报（自然科学版），2017，42（6）：73-77.

[167] 朱永凤，瓦哈甫·哈力克，卢龙辉. 基于 GWR 模型的中国 5A 级旅游景区空间异质性分析 [J]. 华中师范大学学报（自然科学版），2017，51（3）：416-422.

[168] 陈红玲. 基于网络评论的陵墓类景区游客满意度研究——以北京明十三陵为例 [J]. 广西大学学报（哲学社会科学版），2017，39（3）：49-53.

[169] 孙建伟，田野，崔家兴，等. 湖北省旅游空间结构识别与可达性测度 [J]. 经济地理，2017，37（4）：208-217.

[170] 曹翔，杨晓霞，李溪，等. 中国旅游洞穴景区（点）的统计分析 [J]. 中国岩溶，2017，36（2）：264-274.

[171] 王友富，李莲. 民族地区洞穴旅游开发研究——以贵州安顺龙宫为例 [J]. 青海民族研究，2017，28（2）：111-113.

[172] 查建平，贺腊梅，郭海峰. 旅游景区碳排放绩效及边际减排成本估算 [J]. 地域研究与开发，2017，36（2）：145-150.

[173] 杨红艳，孙根年. 城市旅游关键要素供给与游客需求相关性及产能利用率——2005—2014 年河南省 18 个地市的统计分析 [J]. 地理与地理信息科学，2017，33（2）：

93-99.

[174] 郭向阳，明庆忠，穆学青，等. 云南省高等级旅游景区空间结构特征及其时空演变 [J]. 陕西师范大学学报（自然科学版），2017，45（2）：88-95.

[175] 张敏敏，蔡新良，覃建雄. 我国旅游景区门票合理定价策略研究 [J]. 价格月刊，2017（4）：24-27.

[176] 郭安禧，郭英之，孙雪飞，等. 景区旅游厕所满意度的重要性和绩效性实证研究——以山东省4个5A级景区为例 [J]. 数学的实践与认识，2017，47（5）：72-82.

[177] 吴清，李细归，吴黎，等. 湖南省A级旅游景区分布格局及空间相关性分析 [J]. 经济地理，2017，37（2）：193-200.

[178] 马丽君，龙云. 基于网络关注度的湖南省居民旅游需求时空特征 [J]. 经济地理，2017，37（2）：201-208.

[179] 巩萧，石惠春，张琪. 甘肃省A级旅游景区空间格局演化研究 [J]. 资源开发与市场，2017，33（2）：219-222，258.

[180] 娄阳，李庆雷，赵红梅，等. 云南省旅游景区经营绩效提升策略研究 [J]. 资源开发与市场，2017，33（2）：244-248.

[181] 刘萌玥，陈效萱，吴建伟，等. 旅游景区网络舆情指标体系构建——基于马蜂窝网全国百家5A级景区的游客评论 [J]. 资源开发与市场，2017，33（1）：80-84.

[182] 肖妮，刘继生，李秋雨，等. 国内大型主题公园门票定价机制研究 [J]. 资源开发与市场，2017，33（1）：64-68，89.

[183] 徐冬冬，黄震方，吕龙，等. 泛长三角3A级以上旅游景区时空演化特征分析 [J]. 资源开发与市场，2017，33（1）：95-99.

[184] 张广海，赵韦舒. 省域A级景区旅游环境承载力综合评价及障碍因子研究 [J]. 华中师范大学学报（自然科学版），2016，50（6）：944-951.

[185] 尹玉芳，王亚辉. 我国首批5A级旅游景区门票价格影响因素的实证研究 [J]. 资源开发与市场，2016，32（12）：1513-1517.

[186] 薛莹，应畑畑，刘婷. 广东省旅游产业广域空间集聚分布特征及其影响因素分析 [J]. 世界地理研究，2016，25（6）：138-147.

[187] 刘丽梅，吕君. 内蒙古A级旅游景区空间结构研究 [J]. 干旱区资源与环境，2016，30（11）：203-208.

[188] 陈艳艳，姜明. 基于遗传算法的高速公路旅游指引标志的定量化设置方法 [J]. 北京工业大学学报，2016，42（11）：1720-1727.

[189] 刘颖洁. 张家界与韶山景区游客满意度的影响因素比较研究 [J]. 经济地理，2016，36（10）：216-221.

[190] 王红艳，马耀峰. 基于空间错位理论的陕西省旅游资源与入境旅游质量研究 [J]. 干旱区资源与环境，2016，30（10）：198-203.

[191] 朱文洁，董朝阳. 中国5A级旅游景区时空演化及影响因素研究 [J]. 世界科技研究与发展，2016，38（5）：1084-1090.

[192] 肖建红，王敏，于庆东，等. 海岛型旅游目的地生态补偿标准及其差异研究——以普陀山、朱家尖、桃花岛和南北长山岛为例 [J]. 旅游科学，2016，30（4）：30-45.

［193］张佳运，高敏华，刘海军．新疆 A 级旅游景区空间结构演变分析［J］．水土保持研究，2016，23（4）：138-142.

［194］杨云鹏，袁光辉，金阳，等．全国 5A 级景区旅游路线规划问题研究［J］．数学的实践与认识，2016，46（15）：74-80.

［195］蔡碧凡，陶卓民，葛佩佩．浙江省优良景区空间分布特征及影响因素［J］．西北师范大学学报（自然科学版），2016，52（4）：99-106.

［196］邢晓玉，郝索．国内旅游景区门票定价模型：理论分歧与研究展望［J］．价格月刊，2016（7）：5-10.

［197］吴开军．中国大陆省域旅游目的地品牌竞争力研究——基于可视的世界级和国家级景区品牌视角［J］．经济管理，2016，38（6）：154-165.

［198］孙瑶，马航，乔迅翔．景区依托型村落功能及空间更新路径——以深圳市较场尾村为例［J］．现代城市研究，2016（5）：86-91，99.

［199］胡宇娜，梅林，陈妍．中国 5A 级旅游景区网站质量测度及空间特征研究［J］．地理科学，2016，36（4）：548-554.

［200］徐凡，尤玮，周年兴，等．基于百度指数的网络空间关注时空分布研究——以长三角 5A 级景区为例［J］．资源开发与市场，2016，32（4）：489-493.

［201］任前，胡静，陈小娟，等．浙江省入境旅游流、旅游景区、星级酒店空间错位演化分析［J］．华中师范大学学报（自然科学版），2016，50（1）：151-157.

［202］田逢军．中部崛起背景下江西旅游景区发展问题与提升路径［J］．经济地理，2016，36（1）：194-199，207.

［203］胡立多，徐龙，李薇．完善旅游景区门票价格规制的思考［J］．价格月刊，2016（1）：10-12.

［204］郭凌，孙根紧．四川省 A 级旅游景区空间结构分析［J］．统计与决策，2015（24）：118-121.

［205］张建国，庞赞．城市河流水利风景区游客感知与其满意度忠诚度测度［J］．城市问题，2015（12）：39-45.

［206］杨友宝，王荣成，李秋雨，等．东北地区旅游资源赋存演化特征与旅游业空间重构［J］．经济地理，2015，35（10）：194-201，209.

［207］王通，刘春玲，马晓倩，等．河北省 A 级旅游景区时空分布特征分析［J］．水土保持研究，2015，22（5）：223-228，233.

［208］李伟，李慧凤，杨洁．基于智慧旅游视角的景区网站服务功能及其评价——以华北地区 10 家 5A 级旅游景区网站为例［J］．资源开发与市场，2015，31（9）：1149-1152.

［209］龚箭，孔令哲，吴清．资源错配、财政压力与遗产类景区治理——基于公共品供给视角［J］．中南财经政法大学学报，2015（5）：37-43.

［210］刘爱利，陈婉丽，纪鹏．北京市旅游产业要素的空间分布规律研究［J］．现代城市研究，2015（9）：101-107.

［211］隋玉正，李淑娟，王蒙．山东半岛蓝色经济区旅游景区绩效评价研究［J］．中国海洋大学学报（社会科学版），2015（5）：67-72.

［212］靳诚，陈星竹．南京城市内部景区的公交优势度分析［J］．地域研究与开发，2015，34

(4)：60-63.

[213] 袁诚，侯哲灏，陈景祺．中国5A级景区分布特征及其经济效应探讨［J］．地域研究与
开发，2015，34（4）：74-79.

[214] 吴国琴．豫南大别山区旅游可持续发展能力评价［J］．地域研究与开发，2015，34
（4）：95-98.

[215] 邹光勇，刘明宇，何建民．一票制还是两部制？——对公共景区经营的纵向约束分析
［J］．旅游学刊，2015，30（7）：60-71.

[216] 沈体雁，黄宁，彭长江，等．中国景区网络形象指数研究——基于互联网内容分析方
法［J］．旅游学刊，2015，30（6）：80-90.

[217] 朱晓辉．云南省旅游景区门票定价机制优化研究［J］．价格理论与实践，2015（5）：
57-60.

[218] 静恩明，郭风华，李仁杰，等．基于新浪旅游博客的河北省A级景区网络关注度研究
［J］．地理与地理信息科学，2015，31（3）：118-122.

[219] 查建平，王挺之．环境约束条件下景区旅游效率与旅游生产率评估［J］．中国人口·
资源与环境，2015，25（5）：92-99.

[220] 朱邦耀，宋玉祥，李国柱，等．吉林省A级旅游景区空间分布结构特征与形成机制分
析［J］．资源开发与市场，2015，31（4）：477-479.

[221] 冯庆，孙根年．中国品牌旅游景区驱动因素及形成系数方程研究［J］．经济管理，
2015，37（4）：116-125.

[222] 徐程瑾，钟章奇，王铮．基于GIS的京津冀核心旅游圈构建研究［J］．地域研究与开
发，2015，34（2）：103-107，130.

[223] 段森然，陈刚，于靖，等．基于新浪微博的省域出游驱动力空间分布特征［J］．地域
研究与开发，2015，34（2）：96-102.

[224] 李淑娟，王冉．山东半岛蓝色经济区A级旅游景区空间结构分析［J］．资源开发与市
场，2015，31（2）：235-238，258.

[225] 王颖，齐子鹏．旅游需求极致性特征的理论逻辑与经验证据——基于不完全信息视角
［J］．经济管理，2015，37（2）：119-127.

[226] 王晓云，张佳楠，郁亮亮．都市旅游开放式景区的新形态与新挑战：以上海市为例
［J］．旅游学刊，2015，30（2）：11-12.

[227] 布倩楠，杨勇，滕茜，等．上海旅游景区冷热均衡及联动效应研究——基于网络游记
与要闻动态的比较分析［J］．资源科学，2015，37（1）：184-192.

[228] 罗赟敏，马耀峰，陈青松．青海省A级旅游景区空间分布特征分析［J］．青海民族研
究，2015，26（1）：58-62.

[229] 杨媛媛，罗永刚，李强，等．基于分形维数的重庆都市圈景区空间结构优化研究［J］．
国土资源科技管理，2014，31（6）：96-102.

[230] 王磊，王晓峰，宋光飞，等．精品旅游景区环境评价指标体系研究［J］．地域研究与
开发，2014，33（6）：92-96.

[231] 张丽峰，丁于思．北京5A级旅游景区网络关注度分布特征研究［J］．资源开发与市
场，2014，30（11）：1382-1384，1370.

[232] 李文正. 陕南 A 级旅游景区空间格局演变特征及内在机理研究 [J]. 水土保持研究, 2014, 21 (5): 138-143.

[233] 陈磊, 胡静, 付琼鸽, 等. 山东省 A 级景区与入境旅游质量的空间错位研究 [J]. 华中师范大学学报 (自然科学版), 2014, 48 (5): 755-760.

[234] 张冉, 丁镭, 黄亚林, 等. 国家地质公园与城市时空关系 [J]. 国土资源科技管理, 2014, 31 (5): 57-62.

[235] 程海峰, 胡文海. 池州市 A 级旅游景区空间结构 [J]. 地理科学, 2014, 34 (10): 1275-1280.

[236] 禹贡, 刘远征, 胡丽芳, 等. 标志景区溢出价值及定价模型实证诠释 [J]. 资源科学, 2014, 36 (9): 1889-1897.

[237] 龚胜生, 吴清, 张涛. 湖北武陵山区旅游系统空间结构研究 [J]. 长江流域资源与环境, 2014, 23 (9): 1222-1228.

[238] 胡宇娜, 梅林, 陈妍. 基于体验视角的中国 5A 级旅游景区网站效用指数测度 [J]. 经济地理, 2014, 34 (8): 162-166.

[239] 廖军凯. 鄱阳湖流域古村镇景区门票定价研究 [J]. 价格月刊, 2014 (8): 15-17.

[240] 闫晨红, 余斌, 朱强, 等. 市场导向下跨界旅游区线路整合研究——以湖北省大洪山为例 [J]. 经济地理, 2014, 34 (7): 171-176.

[241] 唐承财, 范文静, 郭彤. 北京旅游景区门票定价机制与管理对策探讨 [J]. 资源开发与市场, 2014, 30 (7): 877-879.

[242] 孙瑞红, 高峻, 叶彬. 九寨沟景区交通碳排放与低碳路径研究 [J]. 西南民族大学学报 (人文社会科学版), 2014, 35 (7): 143-148.

[243] 石金莲, 李朝阳, 成功, 等. 基于 CVM 法的沙漠游憩资源非使用价值评估——以内蒙古响沙湾 5A 级景区为例 [J]. 中国人口·资源与环境, 2014, 24 (S2): 360-364.

[244] 徐菁, 黄震方, 靳诚. 景区建设对区域经济发展的响应格局演变——以江苏省为例 [J]. 自然资源学报, 2014, 29 (6): 956-966.

[245] 何颖怡, 麻学锋. 武陵源与黄龙洞景区客流量倒 "U" 结构成因及机制分析 [J]. 经济地理, 2014, 34 (5): 174-181.

[246] 杨宏伟, 冯晓玉, 李江丽, 等. 基于 DLA 模型的旅游产业带景区系统空间结构演化机理与实证——以天山北部旅游产业带开发为例 [J]. 资源科学, 2014, 36 (5): 1073-1081.

[247] 袁露, 杨彦平, 王继建. 中国 5A 级旅游景区发展特征研究 [J]. 华中师范大学学报 (自然科学版), 2014, 48 (2): 301-306.

[248] 何佳. 国内旅游景区门票价格降价机制研究 [J]. 价格月刊, 2014 (2): 13-15.

[249] 何琼峰. 基于扎根理论的文化遗产景区游客满意度影响因素研究——以大众点评网北京 5A 景区的游客评论为例 [J]. 经济地理, 2014, 34 (1): 168-173, 139.

[250] 宋瑞, 孙盼盼. 资源属性、管理体制、景区级别与门票价格——基于 5A 级景区的实证研究 [J]. 中国社会科学院研究生院学报, 2014 (1): 59-67.

[251] 宋瑞. 我国 5A 级景区门票价格与居民收入、消费关系实证研究 [J]. 价格理论与实践, 2013 (10): 41-43.

[252] 李江丽，杨宏伟．丝路中道旅游产业带景区系统开发的分形研究 [J]．资源科学，2013，35（11）：2202-2208．

[253] 岳贤锋，邢双涛．河南省 A 级以上景区体育旅游开展的特征分析 [J]．河南师范大学学报（自然科学版），2013，41（6）：161-163．

[254] 牛永革，曾文君．旅游网站品牌化现状研究：以中国 5A 级景区为例 [J]．旅游学刊，2013，28（11）：84-92．

[255] 李志勇．低碳经济视角下旅游服务效率评价方法 [J]．旅游学刊，2013，28（10）：71-80．

[256] 胡幸福．旅游文化人文因子在景区知名度区分中的作用 [J]．山西师大学报（社会科学版），2013，40（5）：127-131．

[257] 关中美，陈志超，顾羊羊．焦作市旅游景区空间结构及优化策略研究 [J]．湖南师范大学自然科学学报，2013，36（4）：88-92．

[258] 吴丽敏，黄震方，周玮，等．江苏省 A 级旅游景区时空演变特征及其动力机制 [J]．经济地理，2013，33（8）：158-164．

[259] 王硕，曾克峰，刘超．甘肃省 A 级景区旅游空间结构分析 [J]．国土资源科技管理，2013，30（4）：88-93．

[260] 刘卫东，胡志毅，陈博，等．我国旅游景区门票价格的政府规制特点与优化措施 [J]．价格理论与实践，2013（7）：49-51．

[261] 陆相林，马育倩，高树芳，等．基于 FLP 理论的城市旅游集散中心与旅游景区空间整合研究——以石家庄市为例 [J]．重庆师范大学学报（自然科学版），2013，30（4）：144-149．

[262] 胡子龙．我国景区门票价格上涨的原因与对策研究 [J]．价格月刊，2013（7）：13-17．

[263] 关中美，顾羊羊，胡涛．焦作 A 级旅游景区空间结构研究 [J]．安徽师范大学学报（自然科学版），2013，36（4）：387-391．

[264] 李志勇，张成．旅游景区管理与服务测评体系构建与实证检验 [J]．统计与决策，2013（12）：63-66．

[265] 杨仲元，卢松．交通发展对区域旅游空间结构的影响研究——以皖南旅游区为例 [J]．地理科学，2013，33（7）：806-814．

[266] 褚玉杰，赵振斌．中国旅游百强景区与旅游产业发展耦合关系分析 [J]．干旱区资源与环境，2013，27（6）：187-190．

[267] 陈君子，刘大均，谢双玉．武汉市旅游景区空间结构演化 [J]．热带地理，2013，33（3）：349-355．

[268] 齐文涛，吴天伟，木合塔尔·扎日，等．新疆富蕴县五彩湾地质遗迹景观资源评价 [J]．干旱区资源与环境，2013，27（4）：160-164．

[269] 王兴贵，杨荣金，税伟．突变视角下的海螺沟景区旅游危机管理研究 [J]．国土资源科技管理，2013，30（2）：141-146．

[270] 何军，刘晓云，汪怡．安徽省旅游景区电子商务生态系统评价与分析 [J]．资源开发与市场，2013，29（2）：215-219．

[271] 郭建伟，程羽亚．公共景区门票价格管理的出路——基于市场失灵与政府失灵的视角

分析 [J]. 价格月刊, 2013 (1)：41-44.

[272] 齐欣, 王昕. 成渝经济区旅游景区空间结构研究 [J]. 地理与地理信息科学, 2013, 29 (1)：105-110.

[273] 林志慧, 马耀峰, 刘宪锋, 等. 旅游景区网络关注度时空分布特征分析 [J]. 资源科学, 2012, 34 (12)：2427-2433.

[274] 孟祥君, 王洪桥, 孙宝鼎. 景区空间结构演化对区域旅游经济的影响——以吉林省为例 [J]. 中国农学通报, 2012, 28 (35)：116-122.

[275] 靳诚, 徐菁. 江苏省旅游景点空间分布差异定量化研究 [J]. 地域研究与开发, 2012, 31 (6)：92-96.

[276] 胡海燕, 黄林, 骆红莲. 新疆旅游资源开发与金融支持路径选择——以金融支持国家5A级旅游景区可可托海景区发展为例 [J]. 新疆师范大学学报 (哲学社会科学版), 2012, 33 (6)：32-38.

[277] 冯晓玉, 杨宏伟. 环准噶尔旅游产业带景区系统空间结构的分形研究——以 "阿勒泰千里旅游画卷" 为例 [J]. 经济地理, 2012, 32 (11)：171-176.

[278] 郭泉恩, 钟业喜, 李建新, 等. 鄱阳湖生态经济区 A 级旅游景区空间结构研究 [J]. 江西师范大学学报 (自然科学版), 2012, 36 (6)：646-652.

[279] 刘宏盈, 张昌慧, 张娟. 广西 A 级旅游景区空间分布结构差异与优化 [J]. 河北师范大学学报 (自然科学版), 2012, 36 (5)：523-528.

[280] 郭建伟, 刘芳. 公共景区门票价格上涨的福利经济学分析——基于正外部性的视角 [J]. 价格月刊, 2012 (9)：15-17, 30.

[281] 唐晓云. 惠众与公平：我国旅游景区门票价格的管理诉求 [J]. 价格理论与实践, 2012 (9)：20-21.

[282] 方世巧, 马耀峰, 李天顺, 等. 基于百度搜索的西安市 A 级景区信息与旅游流耦合分析 [J]. 干旱区资源与环境, 2012, 26 (8)：190-194.

[283] 雷宏振, 邵鹏, 雷蕾. 我国旅游景区门票多目标定价机制研究 [J]. 旅游学刊, 2012, 27 (7)：49-56.

[284] 朱明远, 张岚. 景区门票免费模式的效益分析及其启示——以南京玄武湖、中山陵两大核心景区为例 [J]. 价格理论与实践, 2012 (5)：35-36.

[285] 欧阳杰, 徐文雄, 胡辉伦. 广东省 A 级景区时空分异规律探讨 [J]. 热带地理, 2012, 32 (3)：280-285.

[286] 靳诚, 黄震方. 基于可达性技术的长江三角洲旅游区划 [J]. 地理研究, 2012, 31 (4)：745-757.

[287] 王雯萱, 谢双玉. 湖北省 A 级旅游景区的空间格局与优化 [J]. 地域研究与开发, 2012, 31 (2)：124-128.

[288] 禹贡, 朱良斌, 刘远征. 旅游目的地标志景区测度模型及广州实证解析 [J]. 热带地理, 2012, 32 (2)：190-194.

[289] 张毅, 高一钉, 蒋孝融, 等. 旅游景区链接动机分析的实证研究 [J]. 北京大学学报 (自然科学版), 2012, 48 (2)：325-330.

[290] 张毅, 蒋孝融, 高一钉, 等. 基于链接测度旅游景区吸引力 [J]. 地理与地理信息科

学，2012，28（1）：106-110.

[291] 陈才，孙洪娇，刘艳华．旅游景区网络营销组合资讯研究 [J]．财经问题研究，2011（12）：127-132.

[292] 赵多平，陶红．典型旅游景区循环经济评价指标体系构建研究——以宁夏沙湖与沙坡头旅游景区为例 [J]．中国沙漠，2011，31（6）：1521-1526.

[293] 李旭，陈德广．郑汴一体化地区旅游景区的空间结构分析 [J]．河南大学学报（自然科学版），2011，41（5）：494-499.

[294] 张永平，吴健生，黄秀兰，等．海峡西岸经济区旅游景区（点）空间结构分析 [J]．资源科学，2011，33（9）：1799-1805.

[295] 贺晓慧，白凯，卫海燕，等．西安特殊时段旅游流规模分形结构特征研究——以"十一"黄金周为例 [J]．干旱区地理，2011，34（5）：858-865.

[296] 毛小岗，宋金平，于伟．北京市 A 级旅游景区空间结构及其演化 [J]．经济地理，2011，31（8）：1381-1386.

[297] 徐文雄，王耀．景区游客中心人性化要素解析 [J]．旅游论坛，2011，4（4）：95-99.

[298] 李飞，何建民．中国旅游景区发展的地区差异及其收敛性——以 2001—2009 年 A 级景区为例 [J]．地理与地理信息科学，2011，27（4）：83-88，106.

[299] 唐善茂，张晶，袁梅花．桂林市旅游生态创新行为研究——"旅游生态创新问题研究"系列论文之四 [J]．广西社会科学，2010（12）：24-28.

[300] 靳晓青，赵昕，赵旭阳．石家庄市景区点系统空间结构特征的分形研究 [J]．国土与自然资源研究，2010（5）：25-27.

[301] 严泽民．对完善我国旅游景区门票价格形成机制的探析 [J]．价格理论与实践，2010（9）：19-20.

[302] 段华勇．旅游景区与周边居民间和谐关系问题初探 [J]．旅游论坛，2010，3（2）：188-193.

[303] 袁俊，余瑞林，刘承良，等．武汉城市圈国家 A 级旅游景区的空间结构 [J]．经济地理，2010，30（2）：324-328.

[304] 申涛，田良．海南岛旅游吸引物空间结构及其演化——基于 41 家高等级旅游景区（点）的分析 [J]．热带地理，2010，30（1）：96-100.

[305] 杨文凤，孙自保．藏东南生态旅游景区景观质量等级评价及生态旅游产品的开发 [J]．中国农学通报，2009，25（22）：259-266.

[306] 齐莉娜，张毅，吴必虎，等．重大事件对举办地景区知名度影响测量研究 [J]．北京大学学报（自然科学版），2009，45（6）：1061-1067.

[307] 齐莉娜，吴必虎，俞曦．基于中部崛起背景旅游景区发展战略研究 [J]．长江流域资源与环境，2009，18（8）：732-737.

[308] 庄东泉．从柘林湖到庐山西海：景区主副品牌经营战略的创新 [J]．旅游论坛，2009，2（4）：550-554.

[309] 谢志华，吴必虎．中国资源型景区旅游空间结构研究 [J]．地理科学，2008，28（6）：748-753.

[310] 李山，邱荣旭，陈玲．基于百度指数的旅游景区络空间关注度：时间分布及其前兆效

应 [J]. 地理与地理信息科学, 2008 (6): 102-107.

[311] 卢润德, 刘喜梅, 宋瑞敏, 等. 国内旅游景区门票定价模型研究 [J]. 旅游学刊, 2008 (11): 47-50.

[312] 朱竑, 陈晓亮. 中国 A 级旅游景区空间分布结构研究 [J]. 地理科学, 2008 (5): 607-615.

[313] 李九全, 王立. 基于地方依附感原理的景区旅游竞争力探析 [J]. 人文地理, 2008 (4): 79-83, 111.

[314] 丘萍, 章仁俊, 张鹏. 基于 DEA 的国家级景区政策影响度分析 [J]. 科技管理研究, 2008 (4): 53-56.

[315] 者丽艳, 徐小荣, 赵东升. 云南玉龙雪山景区优质品牌战略构建对策研究 [J]. 经济问题探索, 2008 (3): 128-133.

[316] 谢志华, 党宁, 张歆梅. 中国资源型景区与城市空间关系研究 [J]. 旅游学刊, 2007 (7): 29-33.

[317] 黄潇婷. 国内旅游景区门票价格制定影响因素的实证研究 [J]. 旅游学刊, 2007 (5): 73-79.

[318] 林道茂. 福州国家森林公园创建 5A 级旅游景区的对策与思考 [J]. 福建林业科技, 2007 (1): 209-211.

[319] 赵大友, 何智斌, 赵旭. 长江—清江国际旅游环线开发研究 [J]. 人民长江, 2007 (1): 26-28.

[320] 李志飞. 湖北省旅游景区开发与管理实证研究 [J]. 湖北大学学报 (自然科学版), 2006 (3): 321-324.

[321] 冯新灵, 罗隆诚, 张群芳, 等. 中国西部著名风景名胜区旅游舒适气候研究与评价 [J]. 干旱区地理, 2006 (4): 598-608.

[322] 梅虎, 朱金福, 汪侠. 灰色模糊聚类在旅游景区顾客满意度测评中的应用 [J]. 商业研究, 2006 (13): 56-58.

[323] 梅虎, 朱金福, 汪侠. 基于灰色关联分析的旅游景区顾客满意度测评研究 [J]. 旅游科学, 2005 (5): 31-36.

[324] 邓俊国, 李加林, 王占利, 等. 旅游资源多级模糊综合评价探讨——以河北省涞源县为例 [J]. 资源科学, 2004 (1): 76-82.

[325] 李春干, 赵德海, 卫日强. 森林旅游资源等级评价方法的研究 [J]. 南京林业大学学报, 1996 (3): 65-69.

[326] 邓爱民, 桂橙林, 张馨方, 等. 全域旅游理论·方法·实践 [M]. 北京: 中国旅游出版社, 2016.

[327] 邓爱民, 李鹏. 中国文旅产业: 疫情影响与全面振兴 [M]. 北京: 中国旅游出版社, 2020.

[328] 邓爱民, 孟秋莉, 桂橙林. 旅游特色小镇开发与运营管理 [M]. 北京: 中国旅游出版社, 2017.

[329] 吴必虎, 俞曦. 旅游规划原理 [M]. 北京: 中国旅游出版社, 2010.

[330] 马勇. 旅游规划与开发 [M]. 武汉: 华中科技大学出版社, 2020.

［331］杨国良. 旅游规划中的文化元素表达——文旅融合的视角［M］. 北京：科学出版社，2020.

［332］钟栎娜，岳超，徐明霞. 中国红色旅游经典开发模式案例［M］. 北京：旅游教育出版社，2022.

［333］陈玲玲，严伟，潘鸿雷. 生态旅游：理论与实践［M］. 上海：复旦大学出版社，2018.

［334］钟栎娜，邓宁. 智慧旅游：理论与实践［M］. 北京：旅游教育出版社，2017.

［335］李云鹏. 智慧旅游规划与行业实践［M］. 北京：旅游教育出版社，2014.

［336］陈思琦，李佳，李雨竹. 非物质文化遗产与文化创意产业融合发展实践［M］. 成都：西南交通大学出版社，2020.

后　　记

在文化和旅游发展的道路上，广西应该将特色、优质的文化和旅游资源作为核心竞争力，构建现代文化产业和旅游业体系，重视文化和旅游资源的开发和保护，提高文化和旅游产品质量，完善文化和旅游高质量发展的政策体系，推进文化和旅游产业的可持续发展。

在深入调研和研究的基础上，作者剖析了广西 A 级旅游景区发展的空间格局演变及影响因素，并结合国内高等级旅游景区发展的成功实践与经验，提出了一系列有益的建议，为广西文化和旅游的高质量发展提供了重要的指导。

此书稿能够得以正式出版，离不开调研过程中各大旅游景区、企业的管理者和工作人员，当地居民及游客的热情帮助和耐心解答，在此，一并表示衷心感谢。

广西文化和旅游的发展将会越来越好，必将成为我国文化和旅游发展的重要组成部分。未来，广西将继续加强文化和旅游建设，提高服务水平和产品质量，提升游客体验。同时，广西将准确把握新发展阶段，深入立足新发展阶段，贯彻新发展理念，构建新发展格局，全力打造世界级旅游目的地建设，实现广西文化旅游高质量发展。

最后，希望本书能够为广西文化和旅游的高质量发展提供一些参考，也为当前广西世界级旅游目的地建设提供理论依据和决策支撑。

董金义

2023 年 4 月于晓南湖畔